suhrkamp taschenbuch 2228

W0197265

Hermann Hesse, Erzähler, Lyriker und zeitkritischer Essayist, am 2. 7. 1877 in Calw/Württemberg als Sohn eines baltischen Missionars und der Tochter eines schwäbischen Indologen geboren, 1946 ausgezeichnet mit dem Nobelpreis für Literatur, starb am 9. 8. 1962 in Montagnola bei Lugano.

Seine Bücher sind mittlerweile in einer Auflage von mehr als 80 Millionen Exemplaren verbreitet und haben ihn zum meistgelesenen europäischen Autor u. a. in den USA und in Japan gemacht.

Neben dem bekannten zeitkritischen Aufruf *Zarathustras Wiederkehr*, den Hesse im Februar 1919 als Antwort auf die Spartakistenaufstände der Novemberrevolution von 1918 anonym als »Wort an die deutsche Jugend von einem Deutschen« in Form einer broschierten Flugschrift veröffentlichte, enthält dieser Band noch weitere teils in Zeitungen und Zeitschriften, teils als Rundschreiben verbreitete Stellungnahmen des Dichters zu den politischen Polarisierungen in Deutschland und Europa von 1918 bis nach dem Zweiten Weltkrieg. In einer Sammelreplik auf die *Haßbriefe* (1921), die Hesse aus dem deutschnationalen Lager erhielt, zeigt er die kulturpolitischen Wurzeln des Nationalismus als Wegbereiter zum Faschismus und Nationalsozialismus. Mit den Rundbriefen *An einen Kommunisten* (1931) setzt er sich mit dem Pro und Contra der ideologischen Alternative auseinander, mit den politischen Gruppierungen, die aus dem Marxismus hervorgegangen sind. (Die zweite Version seines *Briefes an einen Kommunisten*, die erst 1989 entdeckt wurde, wird hier erstmals veröffentlicht.)

In seinem Nachwort umreißt der Herausgeber Hesses autonome Position zwischen den ideologischen Fronten, die sowohl von rechten als von linken »Realpolitikern« als idealistische Humanitätsduselei verworfen wurde und Hesse den Ruf eingebracht hat, ein »linker Romantiker« zu sein.

Hermann Hesse
Zarathustras Wiederkehr

*Ein Wort an die deutsche Jugend
und andere Denkschriften gegen den
Radikalismus von rechts und links*

Herausgegeben von
Volker Michels

Suhrkamp

Umschlagmotiv: nach einem Holzschnitt
von Frans Masereel.

suhrkamp taschenbuch 2228
Erste Auflage 1993
Suhrkamp Verlag Frankfurt am Main 1993
Suhrkamp Taschenbuch Verlag
Satz: Uhl + Massopust, Aalen
Druck: Nomos Verlagsgesellschaft, Baden-Baden
Printed in Germany
Umschlag nach Entwürfen von
Willy Fleckhaus und Rolf Staudt
ISBN 3-518-38728-6

3 4 5 6 7 8 – 08 07 06 05 04 03

Inhalt

Zarathustras Wiederkehr   7
Brief an einen jungen Deutschen   42
Haßbriefe   47
Verrat am Deutschtum   54
Entwurf zum Brief an einen Kommunisten   56
Brief an einen Kommunisten I   60
Brief an einen Kommunisten II   66
Absage   80
Ein Brief nach Deutschland   82
Antwort auf Briefe aus Deutschland   91
Ein Wort über den Antisemitismus   95

Nachwort des Herausgebers:
»Mir liegt alles Politische nicht, sonst
wäre ich längst Revolutionär!«
Hermann Hesses Denkschriften
zur Zeitgeschichte   97

Quellennachweis   132

Zarathustras Wiederkehr

*Ein Wort an die deutsche Jugend von einem
Deutschen*

Es gab einmal einen deutschen Geist, einen deutschen Mut,
eine deutsche Mannhaftigkeit, welche sich nicht nur in
Herdenlärm und Massenbegeisterung äußerte. Der letzte
große Geist dieser Art ist Nietzsche gewesen, und er ist,
inmitten des damaligen Gründertums und der damaligen
Herdengesinnung in Deutschland, zum Anti-Patrioten und
Anti-Deutschen geworden. An ihn will mein Ruf erinnern,
an seinen Mut, an seine Einsamkeit. Statt des Herdenge-
schreis, dessen weinerliche jetzige Note um nichts lieblicher
ist, als während der »großen Zeit« seine großmäulige und
brutale es war, will dieser Ruf die Geistigen unter der deutschen Jugend an einige einfache, unerschütterte Tatsachen
und Erfahrungen der Seele erinnern. Möge jeder sich zum
Volk und der Allgemeinheit verhalten, wie Bedürfnis und
Gewissen es ihm eingibt – wenn er darüber sich selbst, seine
eigene Seele versäumt, so wird es wertlos sein. Erst wenige
im verarmten und besiegten Deutschland haben begonnen,
das Weinen und Schimpfen als unfruchtbar zu erkennen
und sich tüchtig und mannhaft zu machen für das, was
kommen soll. Erst wenige haben eine Ahnung von dem
Verfall des deutschen Geistes, in dem wir lang vor dem
Kriege schon lebten. Wir müssen nicht hinten beginnen, bei
den Regierungsformen und politischen Methoden, sondern
wir müssen vorn anfangen, beim Bau der Persönlichkeit,
wenn wir wieder Geister und Männer haben wollen, die uns
Zukunft verbürgen. Davon spricht meine kleine Schrift. Sie

ist anfänglich anonym in der Schweiz erschienen und in dieser Form in mehreren Auflagen verbreitet worden, weil ich die Jugend nicht durch einen bekannten Namen mißtrauisch machen wollte. Sie sollte unbefangen prüfen, und hat es getan. Dadurch ist mein Beweggrund zur Anonymität hinfällig geworden.

(Hermann Hesses Einführungstext zur ersten nicht anonymen Ausgabe von 1920)

Motto:

Jenes verborgene und herrische Etwas, für das wir lange keinen Namen haben, bis es sich endlich als unsre Aufgabe erweist — dieser Tyrann in uns nimmt eine schreckliche Wiedervergeltung für jeden Versuch, den wir machen, ihm auszuweichen oder zu entschlüpfen, für jede vorzeitige Bescheidung, für jede Gleichsetzung mit solchen, zu denen wir nicht gehören, für jede noch so achtbare Tätigkeit, falls sie uns von unserer Hauptsache ablenkt — ja, für jede Tugend selbst, welche uns gegen die Härte der eigensten Verantwortlichkeit schützen möchte. Krankheit ist jedesmal die Antwort, wenn wir an unserem Recht auf unsre Aufgabe zweifeln wollen, wenn wir anfangen, es uns irgendworin leichter zu machen. Sonderbar und furchtbar zugleich! Unsre Erleichterungen sind es, die wir am härtesten büßen müssen! Und wollen wir hinter drein zur Gesundheit zurück, so bleibt uns keine Wahl: wir müssen uns schwerer belasten, als wir je vorher belastet waren...

Friedrich Nietzsche

Als unter den jungen Menschen in der Hauptstadt sich das Gerücht herumflüsterte, Zarathustra sei wieder erschienen und werde da und dort auf Gassen und Plätzen gesehen, machten einige Jünglinge sich auf, ihn zu suchen. Es waren Jünglinge, welche vom Krieg heimgekehrt und in der veränderten und umgestürzten Heimat voll rastloser Besorgnis waren, denn sie sahen wohl, daß große Dinge geschahen, aber der Sinn war dunkel, und vielen schien er ein Unsinn zu sein. Diese jungen Männer hatten alle im Beginn ihrer Jugendzeit in Zarathustra den Propheten und ihren Führer gesehen, sie hatten mit dem Eifer der Jugend gelesen, was über ihn geschrieben steht, und hatten darüber gesprochen und nachgedacht, auf ihren Wanderungen in Heide und Gebirg, und in nächtlichen Zimmern bei Lampenschein. Und Zarathustra war ihnen heilig gewesen, wie einem jeden diejenige Stimme zum Heiligtum wird, welche ihn zuerst und zustärkst an sein eigenes Ich und an sein eigenes Schicksal gemahnte.

Als diese Jünglinge Zarathustra fanden, da stand er in einer breiten Straße voll dichten Menschengewühls an eine Mauer gedrückt und hörte der Rede zu, welche ein Volksführer von der Höhe eines Wagens herab an die gedrängte Menge hielt. Er hörte zu, lächelte und blickte in die Gesichter der vielen Menschen. Er blickte in diese Gesichter, wie ein alter Einsiedler in die Wellen des Meeres und in die Morgenwolken blickt. Er sah ihre Angst, er sah ihre Ungeduld und ihre ratlose weinerliche Kinderbangigkeit, er sah auch den Mut und den Haß in den Augen der Entschlossenen und Verzweifelten, und er wurde nicht müde, hinzusehen und dabei der Rede des Redners zuzuhören. Woran ihn die Jünglinge erkannten, das war sein Lächeln. Er war weder alt noch jung, er sah nicht wie ein Lehrer noch wie ein Soldat aus, er sah aus wie ein Mensch — *der Mensch*, als wäre er soeben aus der Dunkelheit des Werdens gestiegen, der erste von seiner Art.

An seinem Lächeln aber erkannten sie ihn, nachdem sie eine Weile gezweifelt hatten, ob er es sei. Sein Lächeln war hell, doch nicht gütig; es war arglos, doch ohne Gutmütigkeit. Es war das Lächeln eines Kriegers, und noch mehr das Lächeln eines Alten, der viel gesehen hat und der vom Weinen nichts mehr hält. Daran erkannten sie ihn.

Als die Rede zu Ende war und das Volk unter Brüllen auseinanderzulaufen anfing, näherten sich die Jünglinge Zarathustra und begrüßten ihn mit Ehrfurcht.

»Du bist da, Meister«, sagten sie mit Stammeln, »endlich bist du wiedergekommen, da die Not am größten ist. Sei uns willkommen, Zarathustra! Du wirst uns sagen, was wir tun sollen, du wirst uns vorangehen. Du wirst uns aus dieser größten aller Gefahren erretten.«

Lächelnd lud er sie ein, ihn zu begleiten, und sagte im Weitergehen zu den Lauschenden: »Ich bin sehr guter Laune, meine Freunde. Ja, ich bin wiedergekommen, vielleicht für einen Tag, vielleicht für eine Stunde, und ich sehe zu, wie ihr Theater spielt. Stets ist es mir ein Vergnügen gewesen dabeizustehen und zuzuschauen, wenn Theater gespielt wird. Bei nichts anderem sind die Menschen so ehrlich.«

Die Jünglinge hörten und sahen einander an; es war nach ihrer Meinung zuviel Spott, zuviel Heiterkeit, zuviel Unbekümmertheit in Zarathustras Worten. Wie konnte er von

Theater sprechen, wo sein Volk im Elend lag? Wie konnte er lächeln und Vergnügen haben, wo sein Vaterland besiegt und in Zerrüttung war? Wie konnte ihm dies alles, das Volk und der Volksredner, die ernste Stunde, die Feierlichkeit und Ehrfurcht ihrer selbst, der Jünglinge – wie konnte ihm dies alles bloße Augen- und Ohrenweide sein, bloßer Gegenstand der Beobachtung und des Lächelns? War es jetzt nicht Zeit, blutig zu weinen, Weh zu schreien und seine Kleider zu zerreißen? Und, vor allem, war es jetzt nicht Zeit, höchste Zeit, zu handeln? Taten zu tun? Ein Beispiel zu geben? Land und Volk vom sichern Untergang zu retten?

»Ich sehe«, sagte Zarathustra, der ihre Gedanken fühlte, noch ehe sie über ihre Lippen gekommen waren, »daß ihr mit mir nicht zufrieden seid, junge Freunde. Ich habe es erwartet, und dennoch setzt es mich nun in Erstaunen. Wenn man etwas von dieser Art erwartet, da ist neben der Erwartung immer auch das Gegenteil vorhanden; etwas in uns erwartet, und etwas andres in uns hofft das Gegenteil. So geht es mir nun mit euch, ihr Freunde. – Aber saget, wolltet ihr nicht mit Zarathustra reden?«

»Ja, das wollen wir«, riefen sie alle begierig.

Da lächelte Zarathustra und fuhr fort: »Nun denn, meine Lieben, so redet mit Zarathustra, höret Zarathustra! Der vor euch steht, ist nicht ein Volksredner noch ein Soldat, kein König noch Heerführer, es ist Zarathustra, der alte Einsiedler und Spaßmacher, der Erfinder des letzten Lachens, der Erfinder so vieler Traurigkeiten. Von mir, ihr Freunde, könnet ihr nicht lernen, wie man Völker regiert und Niederlagen wiedergutmacht. Ich weiß euch nicht zu lehren, wie man Herden befehligt und wie man Hungernde beschwichtigt. Das sind nicht Zarathustras Künste. Das sind nicht Zarathustras Sorgen.«

Die Jünglinge schwiegen, und Enttäuschung zog ihre Gesichter lang. Sie gingen neben dem Propheten einher, betreten und unwillig, und fanden lange Zeit keine Worte, ihm zu erwidern. Endlich sagte einer von ihnen, der Jüngste, und indem er sprach, begann sein Blick zu sprühen, und Zarathustras Auge ruhte auf ihm mit Wohlgefallen:

»Nun denn«, so hob der Jüngste unter den Jünglingen an, »so sage uns also, was du zu sagen hast. Denn wenn du nur gekommen bist, um dich über uns und die Not dieses Volkes lustig zu machen, so wissen wir Besseres zu tun, als mit dir spazierenzugehen und deine vortrefflichen Witze anzuhören. Sieh uns an, Zarathustra, wir alle, so jung wir sind, haben Kriegsdienste getan und dem Tod ins Gesicht gesehen, und wir sind nicht mehr gesonnen, uns mit Spielereien und hübschem Zeitvertreib abzugeben. Wir haben dich verehrt, o Meister, und haben dich liebgehabt, aber größer als die Liebe zu dir ist in uns die Liebe zu uns selbst und zu unserem Volke. Das sollst du wissen.«

Zarathustras Gesicht erhellte sich, da er den Jungen so reden hörte, und er blickte ihm mit Güte, ja mit Zärtlichkeit in die zornigen Augen.

»Mein Freund«, sagte er mit seinem besten Lächeln, »wie recht hast du, daß du den alten Zarathustra nicht unbesehen hinnimmst, daß du ihm auf den Zahn fühlst und ihn dort kitzelst, wo du ihn für verwundbar hältst! Wie sehr recht hast du, Lieber, mit deinem Mißtrauen! Und weißt du auch, daß du da eben ein sehr gutes Wort gesagt hast, eines von denen, die Zarathustra gerne hört? Sagtest du nicht: ›Wir lieben uns selber mehr als wir Zarathustra lieben?‹ Wie liebe ich solche Aufrichtigkeiten! Damit hast du mich geködert, mich alten Fisch, den schlüpfrigen, bald werde ich an deiner Angel hängen!«

Von einer entfernten Straße her hörte man in diesem Augenblick Schüsse, großes Geschrei und Kampflärm hallen; sonderbar und töricht klang es durch den stillen Abend. Und wie Zarathustra sah, daß die Blicke und Gedanken seiner jungen Begleiter dort hinüberliefen wie junge Hasen, da änderte er den Ton seiner Stimme. Sie klang plötzlich wie aus einer großen Fremde her − und klang genauso, wie sie einst, beim ersten Kennenlernen, den Jünglingen getönt hatte −, wie eine Stimme, die nicht von Menschen kommt, sondern von Sternen oder Göttern her, oder, noch mehr, wie eine Stimme, die jeder heimlich in der eigenen Brust vernimmt, zu Stunden, wo Gott in ihm ist.

Die Freunde horchten auf, und sie kehrten mit allen Gedanken und Sinnen zu Zarathustra zurück, denn nun erkannten sie die Stimme wieder, die einst, wie aus heiligen Gebirgen her, in ihre erste Jugend getönt und der Stimme eines unbekannten Gottes geglichen hatte.

»Höret mich, Kinder«, sagte er ernst und wandte sich besonders zu dem Jüngsten. »Wenn ihr einen Glockenton hören wollet, so müsset ihr nicht an ein Blech schlagen. Und wenn ihr die Flöte blasen wollet, so dürfet ihr den Mund nicht an einen Weinschlauch legen. Versteht ihr mich, o Freunde? Und besinnet euch, ihr Guten, besinnet euch wohl: Was war es doch, das ihr einst, in jenen trunkenen Stunden, von eurem Zarathustra gelernt habt? Was war es doch? War es etwa Weisheit für den Kaufladen, oder für die Gasse, oder für das Schlachtfeld? Gab ich euch Ratschläge für Könige, habe ich königlich, oder bürgerlich, oder politisch, oder händlerisch zu euch gesprochen? Nein, ihr erinnert euch, ich sprach Zarathustrisch, ich sprach meine Sprache, ich tat mich vor euch auf wie ein Spiegel, damit ihr in ihm euch selbst zu sehen bekämet. Habt ihr je von mir

›etwas gelernt‹? Bin ich je ein Sprachlehrer oder ein Sachlehrer gewesen? Sehet, Zarathustra ist kein Lehrer, man kann ihn nicht fragen und von ihm lernen und ihm gute kleine und große Rezepte für nötige Fälle nachschreiben. Zarathustra ist der Mensch, er ist Ich und Du. Zarathustra ist der Mensch, nach dem ihr in euch selber auf der Suche seid, der Aufrichtige, der Unverführte − wie sollte er an euch zum Verführer werden wollen? Vieles hat Zarathustra gesehen, vieles hat er gelitten, an vielen Nüssen hat er geknackt und ist von vielen Schlangen gebissen worden. Aber nur eines hat er gelernt, nur eines ist seine Weisheit, nur eines ist sein Stolz. Er hat gelernt, Zarathustra zu sein. Das ist es, was auch ihr von ihm lernen wollet, und wozu doch so oft euch der Mut gebricht. Ihr sollet lernen, ihr selbst zu sein, so wie ich Zarathustra zu sein gelernt habe. Ihr sollet verlernen, andere zu sein, gar nichts zu sein, fremde Stimmen nachzuahmen und fremde Gesichter für die euern zu halten. − Und darum, ihr Freunde, wenn Zarathustra zu euch spricht, so suchet in seinen Worten keine Weisheit, keine Künste, keine Rezepte und Rattenfängerkniffe, sondern suchet ihn selbst! Vom Stein könnet ihr lernen, was Härte ist, und vom Vogel, was Singen ist. Von mir aber könnet ihr lernen, was Mensch und Schicksal ist.«

Sie waren unter ihren Reden bis zum Rande der Stadt gekommen und gingen da unter Bäumen, die im Abend rauschten, noch lange miteinander. Vieles fragten sie ihn, oft lachten sie mit ihm, oft verzweifelten sie an ihm. Einer von ihnen aber hat das, wovon Zarathustra an jenem Abend zu ihnen sprach, oder einiges davon, für seine Freunde aufgeschrieben und bewahrt.

Was er in der Erinnerung an Zarathustra und seine Worte aufgeschrieben hat, ist aber dieses:

Vom Schicksal

So sprach zu uns Zarathustra:

Eines ist dem Menschen gegeben, das ihn zum Gotte macht, das ihn erinnert, daß er Gott ist: Das Schicksal zu erkennen.

Darin bin ich Zarathustra, daß ich Zarathustras Schicksal erkannt habe. Darin, daß ich sein Leben gelebt habe. Wenige erkennen ihr Schicksal. Wenige leben ihr Leben. Lernet euer Leben zu leben! Lernet euer Schicksal erkennen!

Ihr klaget so sehr über das Schicksal eures Volkes. Schicksal aber, über das man klagt, ist noch nicht das unsre, ist ein uns Fremdes und Feindliches, ist ein fremder Gott und böser Götze, der uns aus dem Dunkel mit Schicksal bewirft wie mit vergifteten Pfeilen.

Lernet, daß Schicksal nicht von Götzen kommt, so werdet ihr auch endlich lernen, daß es keine Götzen und Götter gibt! Wie im Leibe eines Weibes das Kind, so wächst Schicksal in eines jeden Menschen Leib, oder wenn ihr wollt, könnt ihr auch sagen: in seinem Geist oder in seiner Seele. Es ist dasselbe.

Und wie das Weib eins ist mit seinem Kinde und sein Kind liebt und nichts Besseres in der Welt kennt als sein Kind — so solltet ihr euer Schicksal lieben lernen und nichts Besseres auf der Welt kennen als euer Schicksal. Es soll euer Gott sein, denn ihr selbst sollt eure Götter sein.

Wem Schicksal von außen kommt, den erlegt es, wie der Pfeil das Wild erlegt. Wem Schicksal von innen und aus seinem Eigensten kommt, den stärkt es und macht ihn zum Gott. Es machte Zarathustra zu Zarathustra — es soll dich zu dir machen!

Wer das Schicksal erkannt hat, der will niemals Schicksal

ändern. Schicksal ändern wollen, das ist so recht ein Kinder-
bemühen, wobei man einander in die Haare gerät und
einander totschlägt. Schicksal ändern *wollen*, das war das
Tun und Bemühen eurer Kaiser und Feldherren, es war euer
eigenes Bemühen. Nun ihr das Schicksal nicht habt ändern
können, schmeckt es bitter, und ihr meint, es sei Gift. Hättet
ihr es nicht ändern wollen, hättet ihr es zu eurem Kind und
Herzen, hättet ihr es ganz und gar zu euch selbst gemacht —
wie süß würde es alsdann schmecken! Erlittenes, fremd
gebliebenes Schicksal ist jeder Schmerz, ist jedes Gift, ist der
Tod. Jede Tat aber und jedes Gute und Frohe und Zeugende
auf Erden ist erlebtes Schicksal, ist zu Ich gewordenes
Schicksal.

Ihr seid vor eurem langen Kriege zu reich gewesen, o
Freunde, ihr seid zu reich und dick und vollgegessen gewesen, ihr und eure Väter, und als ihr Schmerzen im Bauche
verspürtet, wäre es Zeit für euch gewesen, in diesen Schmerzen das Schicksal zu erkennen und seine gute Stimme zu
hören. Ihr aber, ihr Kinder, seid über die Bauchschmerzen
böse geworden und habt euch erklügelt, es sei Hunger und
Mangel, welcher diese Schmerzen in eurem Bauche mache.
Und da habt ihr losgeschlagen, um zu erobern, um mehr
Raum auf Erden, um mehr Speise in eurem Bauch zu haben.
Und jetzt, wo ihr heimgekehrt seid und nicht erreicht habt,
was ihr wolltet, jetzt wehklagt ihr wieder, fühlet wieder allerlei Weh und Schmerzen, und wieder sucht ihr nach
dem bösen, bösen Feinde, der die Schmerzen geschickt hat,
und seid bereit, auf ihn zu schießen, sei er auch euer Bru-
der.

Liebe Freunde, wäre es nicht gut, ihr besännet euch? Wäre
es nicht gut, ihr würdet, wenigstens diesmal, eure Schmerzen mit mehr Ehrfurcht behandeln, mit mehr Neugierde,

mit mehr Männlichkeit, mit weniger Kleinkinderangst und Kleinkindergeschrei? Könnte es nicht sein, daß die bittern Schmerzen Stimme des Schicksals sind, und daß sie süß werden, wenn ihr die Stimme versteht? Könnte es nicht so sein?

Auch höre ich euch, Freunde, immerzu so laut über böse Schmerzen und böse Schicksale klagen, die euer Volk und euer Land betroffen haben. Verzeihet, junge Freunde, wenn ich auch gegen diese Schmerzen ein wenig mißtrauisch, ein wenig langsam und unwillig im Glauben bin! Du und du, und du dort, ihr alle, leidet ihr denn nur Schmerzen um euer Volk? Leidet ihr nur um euer Vaterland? Wo ist denn dies Vaterland, wo ist sein Haupt, wo sein Herz, wo wollt ihr die Kur und Pflege an ihm beginnen? Wie? Gestern war es noch der Kaiser, und war es das Weltreich, um das ihr banget, auf das ihr stolz waret, das ihr heilig hieltet. Wo ist das alles heute hin? Es war nicht der Kaiser, von dem die Schmerzen kamen — wären sie sonst noch da und wären so bitter, da doch kein Kaiser mehr da ist? Es war nicht das Heer und nicht die Flotte, und nicht die und die Provinzen und Beutestücke, das sehet ihr jetzt. — Aber warum sprechet ihr, wenn ihr Schmerzen habt, auch heute noch immer gleich vom Vaterland, und vom Volk, und von irgend solchen großen, ehrwürdigen Dingen, von denen gut reden ist, und welche oft so unvermutet sich auflösen und nicht mehr da sind? Wer ist das Volk? Ist es der Redner, oder die ihm zuhören, sind es die, die ihm zustimmen, oder die, die nach ihm ausspeien und die Stöcke schwingen? Hört ihr das Schießen drüben? Wo ist das Volk, euer Volk — auf welcher Seite? Schießt es, oder wird es beschossen? Greift es an, oder wird es angegriffen?

Seht, es ist schwierig, einander zu verstehen, und gar sich

selbst zu verstehen, wenn man immer so große Worte braucht. Wenn ihr nun, du und du dort, Schmerzen fühlet, wenn euch nicht wohl im Leibe oder in der Seele ist, wenn ihr Angst empfindet, Gefahr ahnet — warum wollet ihr nicht, und sei es nur zum Spaß und aus Neugierde, aus guter gesunder Neugierde, einmal den Versuch machen, die Frage anders zu stellen? Warum wolltet ihr nicht einmal suchen, ob der Schmerz nicht in euch selber sitzt? Es gab eine gewisse Zeit, da waret ihr alle eine kleine Weile überzeugt und eurer Sache sicher, daß der Russe euer Feind und der Ausgang alles Bösen sei. Und gleich darauf war es der Franzose, und dann der Engländer, und dann ein anderer, und immer waret ihr überzeugt und sicher, und immer war es eine traurige Komödie und endete mit Elend. Da ihr nun gesehen habt, daß die Schmerzen in uns drinnen nicht damit zu heilen sind, daß wir sie einem Feinde in die Schuhe schieben — warum suchet ihr nicht auch jetzt eure Schmerzen dort auf, wo sie sind: In euch innen? Vielleicht ist es nicht das Volk, das dir weh tut, und nicht das Vaterland, und nicht die Weltmacht, und auch nicht die Demokratie — vielleicht ist es einfach du selbst, dein Magen oder deine Leber, eine Geschwulst oder ein Krebs in dir — und es ist nichts als Kleinkinderfurcht vor der Wahrheit und vor dem Arzte, wenn du dich stellst, als seiest zwar du selbst ganz und gar gesund, aber leider bedrücke dich ein Leiden deines Volkes so sehr? Ist das nicht möglich? Seid ihr nach dieser Seite hin gar nicht neugierig? Wäre es nicht für jeden von euch im Grunde eine gute lustige Übung, seinem Leiden einmal nachzugehen und zu suchen, wo es sitzt und wen es angeht?

Es könnte sein, es stellte sich heraus, daß ein Drittel und eine Hälfte, und weit mehr als die Hälfte deines Schmerzes wirklich und wahrlich dein eigener, eigenster Schmerz ist, und daß du gut tätest, kalte Bäder zu nehmen oder weniger Wein zu trinken, oder sonst eine Kur an dir vorzuziehen, statt am Vaterlande herumzudrücken und herumzukurieren. Es könnte sein, meine ich – und wäre es nicht sehr gut, wenn es so wäre? Wäre da nicht zu helfen? Wäre da nicht Zukunft? Wäre da nicht Aussicht, Schmerz in Wohltat zu verwandeln, und Gift in Schicksal?

Aber ihr findet das selbstsüchtig und kleinlich, das Vaterland liegenzulassen und sich selber zu kurieren. Nun, vielleicht habt ihr auch darin nicht so ganz und völlig recht, wie es euch erscheinen will, ihr Freunde! Glaubt ihr nicht, daß am Ende ein Vaterland gesunder ist und besser gedeiht, in das nicht ein jeder Kranke seine eigenen Gebrechen hineindeutet, an dem nicht jeder Leidende herumkuriert?

Ach, ihr jungen Freunde, ihr habt so viel gelernt in eurem jungen Leben! Ihr seid Krieger gewesen, ihr habt hundertmal dem Tod ins Gesicht gesehen. Ihr seid Helden. Ihr seid Säulen des Vaterlandes. Ich bitte euch nur: begnügt euch nicht damit! Lernet noch mehr! Strebet noch weiter! Und denket zuzeiten daran, welch eine hübsche Sache die Ehrlichkeit ist!

Vom Leiden und vom Tun

»Was sollen wir tun?« so fraget ihr mich und fraget euch selbst immer wieder, und das »tun« gilt euch viel, gilt euch alles. Das ist gut, meine Freunde, oder – es wäre gut, wenn ihr das Tun von Grund aus verstündet!

Aber sehet, schon diese Frage: »Was sollen wir tun?«, schon diese bange Kinderfrage zeigt mir, wie wenig ihr vom Tun wisset!

Was ihr »Tun« heißt, ihr Jünglinge, das würde ich, der alte Einsiedler vom Berge, ganz anders nennen. Ich würde manche hübsche, manche drollige und artige Namen dafür erfinden, für dieses »Tun«. Ich würde es nicht allzulange zwischen den Fingern zu drehen brauchen, euer »Tun«, um es hübsch und spaßhaft in sein Gegenteil zu verwandeln. Denn es ist das Gegenteil! Euer »Tun« ist das Gegenteil von dem, was ich Tun heiße.

Die Tat, o Freunde – höret nur schon das bloße Wort, höret es gut, waschet eure Ohren damit aus! Die Tat – die ward noch niemals getan von einem, der zuvor gefragt hat: »Was soll ich tun?« Die Tat ist das Licht, das aus einer guten Sonne springt. Ist die Sonne nicht eine gute, eine richtige, eine zehnmal bewährte Sonne, ist sie gar eine solche Sonne, welche sich mit Bangigkeit fragt, was sie tun soll, so wird sie niemals Licht von sich geben! Tat ist nicht Tun, Tat ist nicht zu ersinnen und zu erklügeln. Wohl, ich werde euch sagen, was Tat ist. Aber zuvor, meine Freunde, erlaubet mir euch zu sagen, was euer »Tun« mir zu sein scheint. Wir werden uns alsdann besser verstehen.

Euer »Tun«, das ihr tun wollt, das aus Suchen und Zweifeln und Zickzackwegen ans Licht kommen soll – dieses Tun, liebe Freunde, ist das Gegenstück und der Urfeind der Tat. Euer Tun nämlich ist, wenn ihr mir das böse Wort vergönnen wollet, Feigheit! Ich sehe euch böse werden, ich sehe um eure Augen schon den Zug, den ich so gerne sehe – aber wartet noch, hört mich erst zu Ende!

Ihr seid Soldaten, ihr Jünglinge, und ehe ihr Soldaten waret, seid ihr Kaufleute oder Fabrikanten oder dergleichen gewesen, oder eure Väter waren es, und sie und ihr habt, von irgendeiner schlechten Schulstube her, an gewisse Gegensätze geglaubt, von welchen die Sage ging, sie stammten von

Ewigkeit her und seien von den Göttern erschaffen. Sie selbst waren eure Götter, diese Gegensätze, wie ihr ja auch den Gegensatz: Mensch – Gott hingenommen und daraus gefolgert habt, daß, was ein Mensch sei, kein Gott sein könne, und umgekehrt. Diesen alten schlechten Glauben an die heiligen Gegensätze kann euch nun Zarathustra nicht schlichter und einfacher in seiner tiefen Zweifelhaftigkeit und argen Anrüchigkeit aufdecken, als wenn er euch mit offenen Augen vor den von euch geglaubten Gegensatz: Tun – Leiden hinstellt.

Also öffnet die Augen, Freunde, und sehet euch das Tun und das Leiden an, wie ein alter Einsiedler es euch zeigen will!

Tun und Leiden, welche zusammen unser Leben ausmachen, sind ein Ganzes, sind eines. Das Kind leidet, daß es erzeugt wird, es leidet seine Geburt, es leidet seine Entwöhnung, es leidet hier und leidet dort, bis es zuletzt den Tod erleidet. Alles Gute aber, was an ihm ist und wofür es gelobt oder geliebt wird, ist nur das gute Leiden, das richtige, volle, lebendige Leiden. Gut zu leiden wissen, ist mehr als halb gelebt. Gut zu leiden wissen, ist ganz gelebt! Geborenwerden ist Leiden, Wachstum ist Leiden, Same leidet Erde, Wurzel leidet Regen, Knospe leidet Sprengung.

So, meine Freunde, leidet der Mensch Schicksal. Schicksal ist Erde, ist Regen, ist Wachstum. Schicksal tut weh.

Ihr aber nennet »Tun« das Davonlaufen vor dem Wehtun, das Nichtgeborenwerdenwollen, die Flucht vor dem Leiden! »Tun« nanntet ihr es, oder nannten es eure Väter, wenn ihr Tag und Nacht in Läden und Werkstätten rumortet, wenn ihr recht viele Hämmer hämmern hörtet, wenn ihr recht viel Ruß in die Luft blieset. Verstehet mich wohl, ich habe nicht die mindeste Feindschaft gegen eure Hämmer und gegen euren Ruß, oder gegen die eurer Väter. Aber es macht mich lächeln, daß ihr diese Betriebsamkeit »tun« nennen konntet! Sie war kein Tun, sie war nichts als Flucht vor dem Leiden. Es war peinlich, allein zu sein — darum gründete man Gesellschaften. Es war peinlich, allerlei Stimmen im eigenen Innern zu vernehmen, welche von euch verlangten, ihr solltet euer eigenes Leben leben, euer eigenes Schicksal suchen, euren eigenen Tod sterben — es war peinlich, darum liefet ihr weg und machtet Lärm mit Maschinen und Hämmern, bis die Stimmen ferner klangen und stille wurden. So taten eure Väter, so taten eure Lehrer, so tatet ihr selber. Es wurde Leiden von euch verlangt — und ihr waret entrüstet, ihr wolltet nicht leiden, ihr wolltet nur tun! Und was tatet ihr? Erst opfertet ihr dem Gott des Lärms und der Betäubung in euren seltsamen Geschäften, hattet alle Hände voll zu tun, hattet niemals Zeit zu leiden, zu hören, zu atmen, Lebensmilch zu saugen, Himmelslicht zu trinken. Nein, ihr mußtet ja immer tun, immer tun. Und als das Tun nichts half, und als das Schicksal in eurem Innern statt süß und reif immer fauler und giftiger wurde, da vergrößertet ihr auch euer Tun, da schufet ihr euch Feinde, erst in der Einbildung, dann in der Wirklichkeit, da ginget ihr in den Krieg, da wurdet ihr Krieger und Helden! Ihr habt erobert, ihr habt das Unsinnigste ertragen, ihr habt das Riesigste gewagt. Und jetzt? Ist es jetzt gut? Ist es jetzt still und froh im Herzen? Schmeckt jetzt das Schicksal süß? O nein, es schmeckt bitterer als jemals, und darum eilet ihr zu neuen Taten, laufet auf die Gassen, stürmet und schreiet, wählet Räte und ladet wieder die Gewehre. Und dies alles, weil ihr ewig auf der Flucht vor dem Leiden seid! Auf der Flucht vor euch selbst, vor eurer Seele.

Ich höre, was ihr mir erwidert. Ihr fragt mich, ob das nicht Leiden gewesen sei, was ihr ertragen habt? Ob das nicht

Leiden gewesen sei, als eure Brüder euch in den Armen starben, als eure Glieder in der Erde froren oder unter den Messern von Ärzten zuckten? Ja, dies alles war Leiden — es war selbstgewolltes, ertrotztes, ungeduldiges Leiden, es war Ändernwollen des Schicksals. Es war heldenhaft — soweit der eben ein Held sein kann, der noch vor dem Schicksal flieht, der es noch ändern will.

Leidenlernen ist schwer. Ihr findet es häufiger und schöner bei Frauen als bei Männern. Lernet von ihnen! Lernet zuhören, wenn die Stimme des Lebens spricht! Lernet zusehen, wenn die Sonne des Schicksals mit euren Schatten spielt! Lernet Ehrfurcht vor dem Leben! Lernet Ehrfurcht vor euch selber!

Aus Leiden kommt Kraft, aus Leiden kommt Gesundheit. Es sind immer die »gesunden« Menschen, welche plötzlich umfallen und an einem Luftzug sterben. Es sind die, welche nicht leiden gelernt haben, Leiden macht zäh, Leiden stählt. Es sind Kinder, welche vor jedem Leiden die Flucht ergreifen! Wahrlich, ich liebe die Kinder, aber wie könnte ich die lieben, welche ihr Leben lang Kinder bleiben wollen? So aber seid ihr alle, die ihr vor dem Leiden in das Tun fliehet, aus alter trauriger Kinderangst vor dem Schmerz und vor der Dunkelheit.

Und seht doch, was ihr mit eurem vielen Tun und eurem vielen Fleiß und euren rußigen Gewerben erreicht habt! Was ist denn noch davon da? Das Geld ist dahin und mit ihm der ganze Glanz eures feigen Fleißes. Oder wo ist die Tat, die ihr mit all eurem Tun erzeugt hättet? Wo ist der große Mensch, der Strahlende, der Täter, der Held? Wo ist euer Kaiser? Wer ist sein Nachfolger? Wer soll es werden? Und wo ist eure Kunst? Wo habt ihr die Werke, die eure Zeit rechtfertigen? Wo die großen, freudigen Gedanken? Ach, ihr habt viel zu wenig, viel zu schlecht gelitten, um Gutes und Strahlendes zeugen zu können!

Denn die Tat, die gute und strahlende Tat, meine Freunde, die kommt nicht aus dem Tun, nicht aus der Betriebsamkeit, nicht aus dem Fleiß und Gehämmer. Sie wächst einsam auf Bergen, sie wächst auf Gipfeln, wo Stille und Gefahr ist. Sie wächst aus Leiden, die ihr erst noch müsset leiden lernen.

Von der Einsamkeit

Ihr fraget mich, Jünglinge, nach der Schule des Leidens, nach der Schmiede des Schicksals. Kennet ihr sie nicht? Nein, ihr, die ihr stets vom Volke redet und mit der Masse zu tun habt, und nur mit ihr und für sie leiden wollet, ihr kennet sie nicht. Ich spreche euch von der Einsamkeit.

Einsamkeit ist der Weg, auf dem das Schicksal den Menschen zu sich selber führen will. Einsamkeit ist der Weg, den der Mensch am meisten fürchtet. Dort sind alle Schrecknisse, dort liegen alle Schlangen und alle Kröten verborgen. Dort lauert das Furchtbare. Geht nicht von allen Einsamen, von allen Pfadfindern in der Wüste der Einsamkeit die Sage, sie seien auf Abwege geraten, sie seien böse oder sie seien krank? Erzählt man alle großen Heldentaten nicht so, als wären sie von Verbrechern getan — weil es gut ist, sich selbst vor dem Wege zu solchen Taten zu bewahren?

Erzählt man nicht auch von Zarathustra, er sei im Wahnsinn zugrunde gegangen — und im Grunde sei alles, was er getan und gesagt, ja auch schon Wahnsinn gewesen? Und habt ihr, wenn ihr so sprechen hörtet, nicht etwas in euch gefühlt wie ein Erröten? Als wäre es edler und eurer würdiger, zu jenen Wahnsinnigen zu gehören, und als schämtet ihr euch, daß ihr nicht den Mut dazu hattet?

Von der Einsamkeit möchte ich euch Lieder singen, ihr Lieben. Ohne Einsamkeit ist kein Leiden, ohne Einsamkeit ist kein Heldentum. Doch ich meine nicht jene Einsamkeit der hübschen Dichter und der Theater, wo die Quelle an der Felshöhle des Einsiedlers so lieblich rauscht!

Vom Kind zum Manne ist nur ein einziger Schritt, ein einziger Schnitt. Einsamwerden, Duselbstwerden, Loskommen von Mutter und Vater, so heißt der Schritt vom Kind zum Manne, und niemand tut ihn ganz. Jeder nimmt, und auch der heiligste Einsiedler und Brummbär im kahlsten Gebirge nimmt einen Faden mit, zieht einen Faden nach, mit dem er an Vater und Mutter und alle liebe, warme Verwandtschaft und Zugehörigkeit geknüpft ist. Wenn ihr, o Freunde, so warm vom Volk und Vaterland redet, so sehe ich den Faden an euch hängen, und ich lächle. Wenn eure großen Männer von ihren »Aufgaben« und von ihrer Verantwortung reden, da hängt ihnen der Faden lang zum Munde heraus. Nie reden eure großen Männer, eure Führer und Sprecher, von Aufgaben gegen sich selbst, nie reden sie von der Verantwortung vor ihrem Schicksal! Sie hängen am Faden, der zur Mutter zurückführt und in alles Warme und Wohlige, woran die Dichter erinnern, wenn sie gefühlvoll von der Kindheit und ihren reinen Freuden singen. Niemand zerreißt diesen Faden ganz und gar, es sei denn im Tode wenn es ihm glückt, seinen eigenen Tod zu sterben.

Die meisten Menschen, alle jene von der Herde, haben nie die Einsamkeit geschmeckt. Sie trennten sich einmal von Vater und Mutter, aber nur, um zu einem Weibe zu kriechen und schnell in einer neuen Wärme und Zusammengehörigkeit unterzugehen. Niemals sind sie allein, niemals reden sie mit sich selbst. Den Einsamen aber, wenn er ihnen über den Weg läuft, fürchten und hassen sie wie die Pest, werfen mit Steinen nach ihm und finden keine Ruhe, ehe sie weit von ihm sind. Ihn umgibt eine Luft, die nach Sternen und nach der Kälte der Sternenräume riecht, ach, ihm fehlt all der holde, warme Duft von Heimat und Brutstätte.

Zarathustra hat etwas von diesem Sternengeruch und dieser bösen Kälte an sich. Zarathustra ist jenen Weg der Einsamkeit ein gutes Stück weit gegangen. Er ist in der Schule des Leidens gesessen. Er hat die Schmiede des Schicksals gesehen und ist in ihr geschmiedet worden.

Ach Freunde, ich weiß nicht, ob ich euch mehr von der Einsamkeit sagen soll. Gerne möchte ich euch verführen, jenen Weg zu gehen, gerne sänge ich euch ein Lied von den eisigen Wonnen des Weltraums. Aber ich weiß, daß wenige diesen Weg ohne Schaden gehen. Es lebt sich schlecht ohne Mutter, ihr Lieben, es lebt sich schlecht ohne Heimat, und ohne Vaterland, und ohne Volk, und ohne Ruhm, und ohne all die Süßigkeiten der Gemeinschaft. Es lebt sich schlecht in der Kälte, und die meisten, die den Weg begannen, sind zugrunde gegangen. Man muß gleichgültig sein gegen das Zugrundegehen, wenn man die Einsamkeit kosten und seinem eigenen Schicksal Rede stehen will. Leichter ist es und süßer, mit einem Volk und mit vielen zu gehen, auch wenn es durchs Elend geht. Leichter ist es und tröstlicher, sich den »Aufgaben« zu widmen, die der Tag und das Volk zu vergeben hat. Seht doch, wie wohl es den Menschen in ihren vollen Straßen ist! Es wird geschossen, und das Leben steht auf dem Spiel, aber jeder mag doch weit lieber bei der Masse sein und in ihr untergehen, als allein draußen in der dunklen Nacht und Kälte gehen.

Aber wie könnte ich euch verführen, ihr Jünglinge! Einsamkeit wird nicht erwählt, so wie Schicksal nicht gewählt wird. Einsamkeit kommt über uns, wenn wir den Zauberstein in uns haben, der das Schicksal anzieht. Viele, allzu viele sind in die Wüste gegangen und haben bei der hübschen Quelle und in der hübschen Einsiedelei das Leben von Herdenmenschen geführt. Andere aber stehen dicht im Gedränge der Tausende, und um ihre Stirnen ist Sternenluft.

Aber wohl dem, der seine Einsamkeit gefunden hat, nicht eine gemalte und gedichtete, sondern die seine, die einmalige, die ihm bestimmte. Wohl ihm, der zu leiden weiß! Wohl ihm, der den Zauberstein im Herzen trägt! Zu ihm kommt Schicksal, von ihm kommt Tat.

Spartakus

Ihr wollet meine Meinung über jene wissen, die sich nach dem Spartakus nennen lassen.

Von allen denen, welche in eurem Vaterlande nun so heftig das Gute wollen und die Zukunft herbeizuführen trachten, machen diese aufständischen Sklaven mir noch immer am meisten Vergnügen. Wie sind sie entschlossen, diese Leute, wie kurz und gerade wählen sie ihren Weg, wie verstehen sie geradeaus zu gehen! Wahrlich, hätten eure Bürger zu ihren andern Talenten einen kleinen, einen kleinsten Teil dieser Kraft, so wäre euer Vaterland gerettet.

Es wird indessen nicht von diesen Spartakiaten vernichtet werden. Ist es nicht seltsam, ist es nicht Schicksal, daß diese Leute diesen Namen führen? Sie, die Ungelehrten, die Männer mit der rauhen Arbeitsfaust, sie, die Verächter der Lateiner und Gebildeten, haben sich von einem ihrer Vortänzer einen Namen aufmalen lassen, der nach Historie und Gelehrsamkeit geradezu gen Himmel stinkt! Und sollte der Name, den sie sich so weither und aus so fernen Zeiten herangefischt haben, nicht auch Schicksal bedeuten?

Denn das eine ist gut an diesem neuen Namen, diesem so alten Namen, daß er den Wissenden an eine Zeitwende und Untergangsreife gemahnt. Wie jene alte Welt unterging, so muß unsre jetzige Welt untergehen, das will der Name sagen, und er hat recht. Sie muß untergehen, mit allem Schönen und allem Geliebten, das uns an sie band. Aber wie, war es denn Spartakus, der einst die damalige alte Welt vernichtet hat? War es nicht jener Jesus von Nazareth, waren es nicht die Barbaren, war es nicht die blonde Söldnerflut? Nein, Spartakus war ein vortrefflicher Geschichtsheld, er hat wacker an den Ketten gerüttelt, er hat brav das Messer geschwungen. Aber er hat aus Sklaven keine Menschen gemacht, und er hat am Untergang des damaligen Herrentums nur als ein Handlager teilgehabt.

Aber verachtet mir diese Leute mit der rohen Faust und dem Schulmeisternamen nicht! Sie sind bereit, sie ahnen Schicksal, sie sträuben sich nicht gegen den Untergang! Achtet den Geist, der in diesen Entschlossenen lebt! Verzweiflung ist nicht Heldentum – habt ihr das nicht selbst im Kriege erfahren? Aber Verzweiflung ist besser als diese dumpfe Angst des Bürgers, welcher erst dann zum Heldentum greift, wenn er seinen Geldbeutel bedroht sieht!

Was sie »Kommunismus« nennen, dies kennen wir ja wohl, dies ist ein altes, allzu altes, etwas komisch gewordenes Rezept aus verstaubten Goldmacherküchen. Achtet nicht auf das, was sie reden! Aber achtet auf das, was sie tun! Diese Menschen sind in der Tat fähig, weil sie, wenn auch auf einem anrüchigen Seitenwege, nahe der Schicksalsreife gekommen sind. Ihr habt mehr Möglichkeiten als jene, ihr habt höhere, aber ihr seid noch am Anfang des Weges. Jene sind am Ende, und sie sind euch in der beredten Weise überlegen, ihr Freunde, wie alle zum Untergang Bereiten den Zögernden und Rückständigen überlegen sind.

Das Vaterland und die Feinde

Gar zu viel, Freunde, wehklaget ihr mir über den Untergang eures Vaterlandes! Sollte es schon untergehen, es wäre würdiger und mannhafter, wenn es schweigend und ohne Winseln geschähe! Aber wo ist denn der Untergang? Oder heißet ihr »Vaterland« immer noch euren Geldsack und eure Schiffe? Euren Kaiser? Eure Opernherrlichkeit von vorgestern?

Wenn ihr das Vaterland nennet, was eure Besten als das Beste an eurem Volke liebten, das, womit euer Volk die Welt bereichert und beglückt hat, dann begreife ich nicht, wie ihr von Untergang und Vernichtung sprechen möget! Ihr verlieret viel, an Geld und an Provinzen, an Schiffen und an Weltmacht. Wenn ihr dies nicht ertragen könnt, so gehet hin und sterbet von eurer eigenen Hand, am Fuße eines Kaiserdenkmals, und ich will euch ein Grablied singen. Aber stehet nicht und flehet wehklagend das Erbarmen der Weltgeschichte an, ihr, die ihr eben noch das Lied vom deutschen Wesen gesungen habt, an dem die Welt genesen soll, stehet jetzt nicht als bestrafte Schulkinder am Wege und rufet das Mitleid der Vorübergehenden an! Könnet ihr Armut nicht ertragen, so sterbet! Könnet ihr euch ohne Kaiser und siegreiche Generale nicht regieren, so laßt euch von Fremden regieren! Aber vergesset, ich bitte euch, der Scham nicht völlig!

Aber wie, rufet ihr, sind unsre Feinde nicht grausam? Sind sie nicht in ihrem Siege, der der Sieg einer vielfachen Übermacht ist, roh und gemein? Reden sie nicht von Recht und tun Gewalt? Schreiben sie nicht von Gerechtigkeit und meinen Beute und Raub?

Ihr habt recht. Ich verteidige eure Feinde nicht. Ich liebe sie nicht. Sie sind, wie ihr auch seid, gemein im Erfolg und voll von Kniffen und Ausreden. – Aber, Freunde, ist dies jemals anders gewesen? Und ist es unsere Sache, das Unabänderliche ewig neu in lauten Klagen festzustellen?

Unsere Sache ist, so scheint es mir, unterzugehen wie Männer oder weiterzuleben wie Männer. Nicht aber zu heulen wie Kinder. Unsere Sache ist, unser Schicksal zu erkennen, unser Leid uns zu eigen zu machen, seine Bitterkeit in Süße zu verwandeln, an unsrem Leide reif zu werden. Unser Ziel ist nicht, so schnell wie möglich wieder groß und reich und mächtig zu werden und Schiffe und Heere zu haben. Unser Ziel sei kein Kinderwahn – haben wir nicht gesehen, was es mit den Schiffen und Heeren, mit der Macht und dem Gelde auf sich hat? Ist das schon vergessen?

Unser Ziel, deutsche Jünglinge, ist nicht mit Namen und Zahlen zu nennen. Unser Ziel ist, wie es das Ziel jedes Wesens ist, eins mit dem Schicksal zu werden. Sind wir das, so mögen wir groß oder klein sein, reich oder arm, gefürchtet oder belächelt, daran ist nichts gelegen. Lasset darüber die Soldatenräte und geistigen Arbeiter Reden halten! Seid ihr im Krieg und im Leiden nicht zu euch selbst gekommen, nicht wesentlich geworden, wollet ihr nach wie vor das Schicksal ändern, dem Leiden entfliehen, die Reife verschmähen, so gehet unter!

Aber ihr verstehet mich, ich sehe es an euren Blicken. Ihr ahnet Trost in den bittern Worten des Alten vom Berge, des

30

alten Bösen. Ihr erinnert euch an Worte, die er euch über das Leid, über das Schicksal, über die Einsamkeit gesagt hat. Spüret ihr nicht in dem Leiden, das euch traf, einen Hauch der Einsamkeit? Ist euer Ohr nicht empfänglicher geworden für die leise Stimme des Schicksals? Spüret ihr nicht, wie euer Schmerz fruchtbar wird? Wie euer Leid Auszeichnung und Mahnruf zum Höchsten bedeuten kann?

Nun setzet nicht Ziele, wo die Unendlichkeit vor euch steht! Gebt euch nicht Zwecken hin, eben jetzt, wo das Schicksal alle eure hübschen Zwecke von vorgestern zertrümmert hat! Schämet euch, ich bitte euch darum, doch nicht dessen, daß der Gott zu euch geredet hat! Sehet euch ausgezeichnet, sehet euch berufen, sehet euch auserwählt! Aber nicht auserwählt zu diesem und jenem, zu Weltmacht oder zu Handel, zu Demokratie oder Sozialismus! Auserwählt seid ihr, im Leid ihr selbst zu werden, im Schmerz euren eigenen Atem und euren eigenen Herzschlag wiederzugewinnen, den ihr verloren hattet. Auserwählt seid ihr, Sternenluft zu atmen und aus Kindern Männer zu werden.

Höret auf mit den Klagen, Jünglinge! Höret auf mit den Kindertränen um den Abschied von der Mutter und vom süßen Brot! Lernet bitteres Brot essen, Brot der Männer, Brot des Schicksals!

Sehet, dann wird euch das »Vaterland« wieder erscheinen, das eure besten Ahnen geahnt und geliebt haben. Dann werdet ihr aus der Einsamkeit wiederkehren in eine Gemeinschaft, welche nicht mehr Stall und Brutstätte ist, in eine Gemeinschaft von Männern, in ein Reich ohne Grenzen, in das Reich Gottes, wie es eure Väter nannten. Dort ist Raum für jede Tugend, auch wenn eure Landesgrenzen enge sind. Dort ist Raum für jede Tapferkeit, auch wenn ihr keine Generale mehr habt!

Wahrlich, Zarathustra fängt wieder an zu lachen, wenn er so euch Kinder trösten muß!

Weltverbesserung

Ein Wort gibt es, ihr Jünglinge, das in eurem Munde mich leicht verdrießlich macht — wenn es mich nicht eher lachen macht! Es ist das Wort von der Weltverbesserung. Ihr sanget dieses Lied in euren Vereinen und Herden gerne, euer Kaiser und all eure Propheten sangen dieses Lied mit besonderer Liebe, und der Kehrreim des Liedes war der Vers vom deutschen Wesen und vom Genesen.

Freunde, wir sollten uns des Urteils darüber enthalten lernen, ob die Welt gut oder schlecht sei, und wir sollten auf diesen seltsamen Anspruch, sie zu verbessern, verzichten.

Oft ist die Welt schlecht gescholten worden, weil der, der sie schalt, schlecht geschlafen oder zuviel gegessen hatte. Oft ist die Welt selig gepriesen worden, weil der, der sie pries, eben ein Mädchen geküßt hatte.

Die Welt ist nicht da, um verbessert zu werden. Auch ihr seid nicht da, um verbessert zu werden. Ihr seid aber da, um ihr selbst zu sein. Ihr seid da, damit die Welt um diesen Klang, um diesen Ton, um diesen Schatten reicher sei. Sei du selbst, so ist die Welt reich und schön! Sei nicht du selbst, sei Lügner und Feigling, so ist die Welt arm und scheint dir der Verbesserung bedürftig.

Gerade jetzt, in dieser wunderlichen Zeit, wird das Lied von der Weltverbesserung wieder so heftig gesungen, so heftig gebrüllt. Wie übel und trunken es doch klingt, hört ihr's nicht? Wie wenig zart, wie wenig glücklich, wie so wenig klug und weise es klingt! Und dies Lied ist wie ein Rahmen, den man um jedes Bild passen kann. Es paßte um den Kaiser und um den Schutzmann, es paßte um eure berühmten deutschen Professoren, um Zarathustras alte Freunde! Dies geschmacklose Lied paßte auf Demokratie und Sozialismus, auf Völkerbund und Weltfrieden, auf Abschaffung des Nationalismus und auf neuen Nationalismus. Es wird euch von euren Feinden gesungen, in einem Chor, wo einer wider den andern singt, einer den anderen totsingen möchte. Merket ihr nicht: Überall, wo dies Lied angestimmt wird, da sind Fäuste in der Tasche geballt, da geht es um Eigennutz und um Selbstsucht – ach, nicht um jene Selbstsucht des Edlen, der sein Selbst zu erhöhen und zu stählen denkt, sondern um Geld und Geldbeutel, um Eitelkeiten und Einbildungen. Da, wo der Mensch sich seiner Selbstsucht zu schämen beginnt, da fängt er an, von Weltverbesserung zu reden, sich hinter solche Worte zu verstecken.

Ich weiß nicht, ihr Freunde, ob die Welt je verbessert worden ist, ob sie nicht immer und ewig gleich gut und gleich schlecht gewesen ist. Ich weiß es nicht, ich bin kein Philosoph, ich habe nach dieser Seite hin zu wenig Neugierde. Dies aber weiß ich: *Wenn* jemals die Welt durch Menschen verbessert, durch Menschen reicher geworden ist, so ist sie es nicht durch Verbesserer geworden, sondern durch jene wahrhaft Selbstsüchtigen, zu welchen ich auch euch so gerne zählen möchte. Jene ernstlich und wahrhaft Selbstsüchtigen, welche kein Ziel kennen, welche keine Zwecke haben, denen es genügt, zu leben und sie selbst zu sein. Sie leiden viel, aber sie leiden gerne. Sie sind gerne krank, wenn es *ihre* Krankheit ist, die sie leiden sollen, ihre wohlerworbene, eigene, eigenste. Sie sterben gerne, wenn es *ihr* Tod ist, den sie sterben dürfen, ihr wohlerworbener, eigener Tod! Durch diese ist vielleicht die Welt zuzeiten verbessert worden — so wie ein Herbsttag verbessert wird durch eine kleine Wolke, durch einen kleinen braunen Schatten, durch einen kleinen raschen Vogelflug. Glaubet nicht, daß die Welt mehr Verbesserung nötig habe, als daß je und je einige Menschen auf ihr wandeln — nicht Vieh, nicht Herde, sondern einige Menschen, einige von den Seltenen, die uns beglücken, so wie ein Vogelflug und ein Baum am Meere uns beglückt — einfach dadurch, daß sie da sind, daß es solche gibt. Wenn ihr ehrgeizig sein wollt, Jünglinge, so geizet nach dieser Ehre! Aber sie ist gefährlich, sie führt durch Einsamkeit, und sie kann leicht das Leben kosten.

Vom Deutschen

Habt ihr euch nie darüber besonnen, woher es kommt, daß der Deutsche so wenig geliebt, daß er so sehr, so tief gehaßt, so sehr gefürchtet, so leidenschaftlich gemieden war? War es euch nicht seltsam, zu sehen, wie in diesem Kriege, den ihr doch mit so viel Soldaten und unter so guten Aussichten begannet, wie während diesem Krieg langsam, langsam und unaufhaltsam ein Volk um das andere zu euren Feinden übertrat, euch verließ, euch unrecht gab?

Ja, ihr habt es bemerkt, mit tiefem Unwillen, und waret stolz darauf, so verlassen, so allein, so mißverstanden zu sein. — Aber höret, ihr waret nicht mißverstanden! Ihr waret es selbst, welche nicht verstandet, welche Irrtümern unterlaget.

Ihr jungen Deutschen habt euch immer gerade mit den Tugenden gebrüstet, die ihr nicht hattet, und habt an euren Feinden die Laster am meisten gescholten, die sie von euch gelernt hatten. Ihr sprachet immer von »deutschen« Tugenden, die Treue und andre Tugenden hieltet ihr beinahe für Erfindungen eures Kaisers oder Volkes. Ihr waret aber nicht treu. Ihr wart untreu, euch selber untreu, und das allein ist es, was euch den Haß der Welt zugezogen hat. Ihr sagt: nein, es war unser Geld, es waren unsre Erfolge! Und vielleicht meinte der Feind es auch so, wie ihr in eurer Krämerlogik rechnet. Aber die Gründe liegen immer etwas tiefer als unser Meinen, und gar als ein gewisses flaches, rasches Fabrikantenmeinen. Mochten die Feinde euch euer Geld mißgönnen, mochte das sie neidisch machen! Aber es gibt auch Erfolge, die keinen Neid erregen, denen die Welt zujubelt. Warum habt ihr nie solche Erfolge gehabt, warum immer nur jene andern?

Weil ihr euch selber untreu waret. Ihr spieltet eine Rolle, die nicht die eure war. Ihr hattet aus den »deutschen Tugenden« mit Hilfe eures Kaisers und mit Hilfe Richard Wagners ein Opernwesen gemacht, das niemand in der Welt ernst nahm als ihr selber. Und hinter dem hübschen Geflunker dieser Opernpracht ließet ihr alle eure dunkeln, alle sklavischen, alle großmannssüchtigen Instinkte wuchern und treiben. Ihr hattet immer Gott im Munde, und dabei die Hand am Geldbeutel. Ihr sprachet immer von Ordnung, Tugend, Organisation, und meintet damit das Geldverdienen. Und ihr verrietet euch gerade dadurch, daß ihr bei den Feinden stets denselben Schwindel zu sehen glaubtet! Hört, hieß es bei euch immer, hört, wie sie von Tugend und Recht reden, und seht, wie sie's in Wirklichkeit meinen! Ihr sahet einander zwinkernd in die Augen, wenn ein Engländer oder ein Amerikaner schöne Reden hielt, und euer Zwinkern wußte, was hinter solchen Reden zu stecken pflegt. Woher wußtet ihr denn das so genau, wenn nicht aus dem eigenen Herzen?

Scheltet nur darüber, daß ich euch weh tue! Ihr seid so gar nicht gewöhnt, daß euch weh getan wird, ihr seid so sehr daran gewöhnt, euch untereinander recht zu geben. Zum Unrechthaben, zum Bösereden, zum Abladen unfreundlicher Triebe war ja der Feind da. Aber ich sage euch: man muß Weh tun und Weh leiden können, wenn man auf der Seite des Lebens stehen und in der Welt sich halten will. Die Welt ist kühl und ist kein heimatlicher Brutort, wo man in ewiger Kindheit in geborgener Wärme sitzt. Die Welt ist grausam, sie ist unberechenbar, sie liebt nur Starke und Gewandte, sie liebt die, die sich selber treu bleiben. Alles andere hat in ihr nur kurzlebige Erfolge − solche Erfolge, wie ihr sie seit dem geistigen Niedergang Deutschlands mit euren Waren und Organisationen hattet! Wo sind sie hin? Nun aber ist es vielleicht Zeit für euch. Vielleicht ist die Not groß genug, euren Willen zu spannen − nicht zu neuer Tuerei und neuer Flucht vor dem heimlichen Sinn des Lebens, sondern zur Mannheit, zum Glauben an euch selbst, zur Wahrheit und Treue gegen euch selbst.

Denn dies, ihr Freunde, muß euch doch durch all mein Schelten und Bösereden hindurchgeklungen und -geleuchtet haben: daß ich euch liebe, daß ich ein gewisses Vertrauen zu euch habe, daß ich Zukunft bei euch wittere − und glaubt mir, ich habe eine feine, eine vielmal bewährte Spürnase, ich alter Einsiedler und Wettermacher. Ja, ich glaube an euch − ich glaube an etwas in euch, an etwas im Deutschen, zu dem ich eine alte und tiefe Liebe im Herzen trage. Ich glaube in euch an etwas, was noch nicht zu sehen ist, an eine Zukunft, an Möglichkeiten, an ein lockendes, hinter hundert Wolken blitzendes Vielleicht. Gerade darum glaube ich daran, weil ihr noch Kinder seid und soviel Kinderei betreibt, weil ihr diese lange, gar so lange Kindheit mit euch herumtragt. Ach, daß diese Kindheit einmal Mannheit würde! Daß diese Leichtgläubigkeit einmal Vertrauen, diese Zärtlichkeit Güte, diese Sonderbarkeit und Empfindlichkeit Charakter und Manneseigensinn würde! Ihr seid das frömmste Volk der Welt. Aber was für Götter hat eure Frömmigkeit sich erschaffen! Kaiser und Unteroffiziere! Und an ihrer Stelle nun diese neuen Weltbeglücker! Möchtet ihr lernen, den Gott in euch selbst zu suchen! Möchtet ihr vor dem geheimen Etwas, vor dieser Zukunft in euch einst soviel Ehrfurcht empfinden, wie ihr sie vor Fürsten und Fahnen empfandet! Möchte eure Frömmigkeit einmal nicht mehr auf den Knien liegen, sondern aufrecht auf starken, auf männlichen und gestählten Füßen stehen!

Ihr und euer Volk

Noch immer, Freunde, seid ihr mißtrauisch und schauet mich oft von der Seite an, und ich weiß, was euch an mir mißfällt und scheu macht: Ihr fürchtet, der Rattenfänger Zarathustra lockt euch hinweg von eurem Volke, das ihr liebt und das euch heilig ist! Ist es nicht so? Habe ich euch gut erraten?

Zwei Lehren gibt es bei euren Lehrern und in euren Büchern: die eine lehrt, daß das Volk alles, der einzelne aber nichts ist; die andere dreht den Satz um.

Zarathustra aber ist nie ein Lehrer gewesen, eure Lehren sind ihm höchstens ein Anlaß zu Gelächter. Liebe Freunde, ihr habt nicht die Wahl, ob ihr ein Volk sein oder einzelne sein wollet! Es ist gesorgt, es ist gut dafür gesorgt, daß die Bäume nicht in den Himmel wachsen! In den Himmel der Einsamkeit, in den Himmel der Mannheit hinein ist noch keiner gewachsen, weil er in einem Buch davon gelesen und sich dafür entschieden hat!

Wenn ich euch aber frage, ihr Jünglinge: Was ist es denn, wonach euer Volk so sehr Verlangen hat? Was ist seine Not? So werdet ihr sagen: Unser Volk braucht Taten, unser Volk braucht Männer, welche nicht nur reden, sondern Taten zu tun verstehen!

Wohlan denn, Freunde, ob ihr es nun euretwegen oder eures Volkes wegen tun möget – vergeßt mir nicht, woher denn die Taten kommen, woher der kühle, der freudige und mannhafte Morgen- und Eigensinn, aus dem die Taten springen wie die Blitze aus der Wolke. Habt ihr es schon vergessen? Fällt es euch wieder ein?

Freunde, das, was euer Volk und jedes Volk bedarf, das sind Männer, welche gelernt haben, sie selbst zu sein, welche ihr Schicksal erkannt haben. Sie allein werden zum Schicksal ihres Volkes. Sie allein sind nicht mit den Reden und den Erlassen und dem ganzen ängstlichen und verantwortungslosen Beamtentum zufrieden. Sie allein haben den Mut, haben den Übermut, haben die gute, die wohlgeschaffene, gesunde, frohe Laune, aus welcher die Taten kommen.

Ihr Deutsche seid mehr als jedes andere Volk an das Gehorchen gewöhnt. Euer Volk hat so leicht, hat so überaus gerne und freudig gehorcht, keinen Schritt mochte es tun, ohne dabei die Befriedigung zu fühlen, daß damit ein Gebot erfüllt, eine Vorschrift befolgt sei. Mit Gesetzestafeln und namentlich mit Verbotstafeln war euer gutes Land bedeckt wie mit einem Walde. Wie müßte dies Volk erst gehorchen, wenn es nach so langer, langer Pause und müder Wartezeit einmal wieder Mannesstimmen vernähme? Wenn es einmal wieder statt Erlaß und Vorschrift den Ton der Kraft und der Überzeugung vernähme? Wenn es wieder einmal Taten sähe, die nicht allergnädigst befohlen und allerergebenst ausgeführt werden, sondern heiter und gesund aus dem Haupt ihres Vaters springen, hell und gewappnet wie jene Göttin der Griechen?

Denket je und je daran, Freunde, und vergeßt es nicht, was es ist, danach euer Volk lechzt und dürstet! Und vergesset nicht, daß Tat und Mannheit nicht in Büchern und nicht in Volksreden wächst. Sie wächst auf Bergen, und der Weg dahin führt durch Leid und Einsamkeit, durch gern getragenes Leid, durch freiwillige Einsamkeit.

Und, allen euren Volksrednern entgegen, rufe ich euch zu: Es eilt nicht so sehr! Jene alle rufen euch aus allen Ecken an: »Eilet! Laufet! Entscheidet euch in der Minute! Die Welt brennt! Das Vaterland ist in Gefahr!« Aber glaubet mir: das Vaterland wird nicht Not leiden, wenn ihr euch Zeit lasset, wenn ihr euren Willen, euer Schicksal, eure Tat austraget und reif werden lasset! Die Eilfertigkeit hat, ebenso wie die Freude am Gehorchen, zu den deutschen Tugenden gezählt, welche keine sind.

Kinder, lasset die Köpfe nicht so herabhängen! Machet den alten Zarathustra nicht lachen!

Ist es denn ein Unglück, daß ihr in frische, stürmische, brausende Zeiten hineingeboren seid? Ist denn das nicht euer Glück?

Der Abschied

Und nun, Freunde, nehme ich Abschied von euch. Und ihr wisset es ja schon, wenn Zarathustra von seinen Zuhörern Abschied nimmt, so pflegt er sie nicht zu bitten, sie möchten ihm treu bleiben und in artiger Schülerschaft verharren.

Ihr sollet Zarathustra nicht anbeten. Ihr sollet Zarathustra nicht nachahmen. Ihr sollet nicht Zarathustra werden wollen! In einem jeden von euch ist eine verborgene Gestalt, die noch im tiefen Kindesschlummer liegt. Lasset sie lebendig werden! In einem jeden von euch ist ein Ruf, ein Wille und Wurf der Natur, ein Wurf nach der Zukunft, nach dem Neuen und Höheren hin. Lasset ihn reif werden, lasset ihn ausklingen, traget Sorge um ihn! Eure Zukunft ist nicht dies oder das, ist nicht Geld oder Macht, ist nicht Weisheit oder Gewerbeglück — eure Zukunft und euer schwerer, gefährlicher Weg ist dieser: reif zu werden und Gott in euch selbst zu finden. Nichts ist euch, deutsche Jünglinge, schwerer gemacht. Stets habt ihr Gott gesucht, aber niemals in euch selbst. Er ist nirgends sonst. Es gibt keinen andern Gott, als der in euch ist.

Wenn ich einmal wiederkehren sollte, meine Freunde, dann wollen wir von andern Dingen reden, von hübscheren, von froheren. Wir wollen dann, so erhoffe ich es mir, beisammensitzen und miteinander wandeln wie Männer, einer stark und er selbst neben dem andern, jeder auf nichts in der Welt vertrauend als auf sich selbst und auf das Glück, das den Starken und Wagehälsen gewogen ist.

Gehet nun und suchet eure Gassen mit den vielen Rednern wieder auf. Vergeßt, was der alte Fremdling vom Gebirge euch gesagt hat. Zarathustra ist nie ein Weiser gewesen. Er ist immer ein Spaßvogel und launischer Wanderer gewesen.

Lasset euch von keinem Redner und von keinem Lehrer einen Vogel ins Ohr setzen, er heiße, wie er wolle. Es gibt in jedem von euch nur einen, nur seinen, nur seinen einzigen, eigenen Vogel, auf den zu hören ihm not tut.

Dies sage ich euch zum Abschied: Hört auf den Vogel!

Höret auf die Stimme, die aus euch selber kommt! Wenn sie schweigt, diese Stimme, so wisset, daß etwas schief steht, daß etwas nicht in Ordnung ist, daß ihr auf dem falschen Wege seid.

Singt und spricht er aber, euer Vogel — oh, dann folget ihm, folget ihm in jede Lockung und noch in die fernste und kälteste Einsamkeit und in das dunkelste Schicksal hinein!

(1919)

Brief an einen jungen Deutschen

Sie schreiben mir, daß Sie verzweifelt sind und nicht wissen, was tun, nicht wissen, was glauben, nicht wissen, was hoffen. Sie wissen nicht, ob es einen Gott gibt oder keinen. Sie wissen nicht, ob das Leben irgendeinen Sinn hat oder nicht, ob das Vaterland einen Sinn hat oder nicht, ob es besser ist, sich um geistige Güter zu mühen oder einfach sich den Bauch zu füllen, da doch alles so übel aussieht in der Welt.

Ich finde die Verfassung, in der Ihre Seele sich zeigt, durchaus die richtige. Daß Sie nicht wissen, ob es einen Gott gibt, und daß Sie nicht wissen, ob es Gut oder Böse gibt, ist viel besser, als wenn Sie das genau wüßten. Vor fünf Jahren, wenn Sie sich erinnern können, wußten Sie vermutlich ziemlich genau, daß es einen Gott gebe, und wußten namentlich ganz genau, was gut und was böse sei, und Sie taten natürlich das, was das Gute schien, und zogen in den Krieg. Und seither haben Sie, fünf Jahre lang, in den besten Jahren Ihrer Jugend, immerzu jenes Gute getan, haben geschossen, gestürmt, sind auf der faulen Haut gelegen, haben Kameraden beerdigt, haben Kameraden verbunden, und so ganz allmählich ist das Gute zweifelhaft geworden, und es war zuzeiten gar nicht mehr klar, ob dies herrliche Gute, was Sie taten, nicht im Grunde böser oder doch dumm und ein großer Unsinn sei.

Das war es auch. Das Gute, das Sie damals so genau kannten, war offenbar nicht das richtige Gute, nicht das unzerstörbare, zeitlose Gute; und der Gott, um den Sie damals wußten, war offenbar nicht der richtige. Er war vermutlich der Nationalgott unserer Konsistorialräte und Kriegsdichter, jener Gott, der sich ehrwürdig auf Kanonen stützt und dessen Lieblingsfarben Schwarz-Weiß-Rot sind. Es war ein Gott, gewiß, ein mächtiger, ein riesiger Gott, größer als je ein Jehova war, und es wurden ihm Hunderttausende von blutigen Schlachtopfern gebracht, ihm zu Ehren wurden hundertausend Bäuche aufgerissen und hunderttausend Lungen zerfetzt, er war blutrünstiger und brutaler als je ein Popanz und Götze, und während der blutigen Opfer sangen die Priester daheim, unsere Theologen, ihm ihre honorierten Loblieder. Der Rest von Religion, den wir in unsern verarmten Seelen und unsern so sehr verarmten und entseelten Kirchen besaßen, ging vollends dahin. Hat schon jemand es bedacht und sich darüber gewundert, wie unsere Theologen in diesen vier Kriegsjahren ihre eigene Religion, ihr eigenes Christentum zu Grabe getragen haben? Sie dienten der Liebe und predigten den Haß, sie dienten der Menschheit und verwechselten die Menschheit mit der Behörde, von der sie ihr Gehalt beziehen. Sie haben (nicht alle natürlich, aber ihre Wortführer) mit Schlauheit und mit vielen Worten nachgewiesen, daß Krieg und Christentum sich herrlich vertragen, daß man ein edler Christ sein und doch vortrefflich schießen und stechen kann. Das kann man aber nicht, und wenn unsere Landeskirchen nicht Landeskirchen im Dienst von Thron und Heer gewesen wären, sondern Kirchen Gottes, so hätten wir an ihnen im Kriege das gehabt, was uns so bitter fehlte: eine Zuflucht für die Menschheit, ein Heiligtum für die verwaiste Seele, eine ständige Mahnung zu Mäßigung, Weisheit, Menschenliebe, Gottesdienst.

Verstehen Sie mich, bitte, nicht falsch! Glauben Sie nicht, daß ich irgendeinem Menschen Vorwürfe machen wolle! Ich möchte nur aufzeigen, nicht anklagen. Man ist das bei uns nicht gewohnt, man ist nur an Schreien, Anklagen,

Hassen gewöhnt. Die Menschen unserer Zeit, wir Deutsche so wie alle, haben die fatale Kunst gelernt, immer die Schuld bei anderen zu suchen, wenn es uns schlecht geht. Dagegen allein trete ich auf, dagegen allein mache ich Vorwürfe. Daß unser Glaube so schwach war, daß unser landesherrlich geschützter Gott so brutal war, daß wir Krieg und Frieden, Gut und Böse so schlecht unterscheiden konnten, darin sind wir alle gleich schuldig, gleich unschuldig. Sie und ich, der Kaiser und der Pfarrer, wir alle haben mitgetan und haben einander nichts vorzuwerfen.

Wenn Sie sich jetzt besinnen, wo ein Trost und ein neuer, besserer Gott und Glaube zu finden sein könnte, so wird Ihnen, in Ihrer heutigen Vereinsamung und Verzweiflung, ohne weiteres klar, daß die Erleuchtung nicht wieder von außen kommen darf, nicht wieder aus offiziellen Quellen, aus Bibeln, von Kanzeln, von Thronen. Sie darf auch nicht von mir kommen. Sie kann nur in Ihnen selbst zu finden sein. Dort ist sie, dort wohnt der Gott, der höher und zeitloser ist als der Patriotengott von 1914. Die Weisen aller Zeiten haben ihn stets verkündigt, aber er kommt zu uns nicht aus Büchern, er wohnt in uns selbst und muß das Auge in unserem eigenen Innern auftun, sonst ist alles Wissen um ihn wertlos. Er ist auch in Ihnen, dieser Gott. Er ist gerade in Ihnen, gerade in Euch Zerschlagenen, Verzweifelten. Es sind nicht die Geringen, die an der Not der Zeit krank werden. Es sind nicht die Schlechten, die mit den Göttern und Götzen von vorgestern nicht mehr zufrieden sind.

Aber wohin Sie auch noch zu entrinnen suchen werden, es wird Ihnen der Prophet und Lehrer nicht begegnen, der Ihnen die Mühe des Suchens und der Einkehr in sich selber abnimmt. Das ganze deutsche Volk ist heut in Ihrer Lage, wir alle mit. Unsere Welt ist zusammengebrochen, unser

Stolz geknickt, unser Geld dahin, unsere Freunde tot. Nun suchen wir, fast alle von uns, nach der alten, schlechten Methode weiter, wir suchen den schlechten Kerl, der an dem allem schuld war. Wir nennen ihn Amerika, wir nennen ihn Clemenceau, wir nennen ihn Kaiser Wilhelm oder wie immer sonst, und laufen mit all diesen Anklagen im Kreis herum und kommen an kein Ziel. Es genügt aber, nur eine einzige Stunde lang diese kindliche und wenig intelligente Schuldfrage auszuschalten, und statt ihrer die Frage zu setzen: »Wie steht es mit mir selber? Wieweit bin ich mitschuldig? Wo war auch ich zu laut, auch ich zu frech, auch ich zu leichtgläubig, auch ich zu ruhmreich? Wo ist der Punkt in mir, auf den die schlechte Presse, auf den der entartete Glaube an den nationalen Jehova, auf den alle diese so rasch zusammengebrochenen Irrtümer sich stützen konnten?«

Die Stunde, in der man sich so fragt, ist nicht angenehm. Man sieht sich schwach und schlecht, man wird klein, man wird demütig. Aber man wird nicht zerschmettert. Man sieht nämlich: Schuld gibt es nicht. Es gibt weder den bösen Kaiser noch den bösen Clemenceau, es haben weder die siegenden demokratischen Völker noch die besiegten Barbaren recht. Schuld und Unschuld, Recht und Unrecht sind Vereinfachungen, sind Kinderbegriffe, und unser erster Schritt ins Heiligtum eines neues Gottes ist der, daß wir dies erkennen. Wir werden dadurch nicht lernen, künftige Kriege zu verhindern, noch wieder reich zu werden. Wir lernen nur eines: die wichtigen Fragen unseres Lebens, alle unsere »Schuldfragen«, alle unsere Gewissensfragen nicht mehr zu einem alten Jehova, nicht mehr zu einem Feldwebel, nicht mehr zu einer Zeitungsredaktion zu bringen, die sie entscheiden sollen, sondern dies in der eigenen Brust zu tun. Wir müssen uns entschließen, aus Kindern Männer zu werden. Spätere Menschen werden vielleicht den Verlust unserer Flotte, unserer Maschinen, unseres Geldes so deuten, daß einem Kinde all sein hübsches Spielzeug weggenommen wurde und daß das Kind dann, nachdem es genug geweint und genug geschimpft hatte, still und ein Mann wurde. Diesen Weg müssen wir gehen, es gibt keinen andern. Und den ersten Schritt dieses Weges tut jeder von uns einzig bei sich allein, im eigenen Herzen.

Lesen Sie, da Sie Nietzsche lieben, nochmals die letzten Seiten jener unzeitgemäßen Betrachtung nach, die vom Nutzen und Nachteil der Historie handelt! Lesen Sie, Wort für Wort, noch einmal jene Worte über die Jugend, welche das Los trifft, einer zusammenbrechenden Scheinkultur den Hals abzudrehen und neu anzufangen! Wie hart, wie bitter ist das Los einer solchen Jugend, und wie groß ist es, wie heilig! Diese Jugend sind Sie, seid Ihr, Ihr Jungen von heute, im heutigen geschlagenen Deutschland. Auf Euren Schultern liegt diese Last, auf Euren Herzen diese Aufgabe.

Aber bleiben Sie nicht bei Nietzsche stehen und nicht bei irgendeinem Propheten und Ratgeber. Unser Amt ist nicht, Sie zu belehren, Ihnen Mühe zu sparen, Ihnen Wege zu zeigen. Unser Amt ist nur, Sie daran zu erinnern, daß es einen Gott gibt, einen einzigen, und daß dieser Gott in Ihrem Herzen wohnt und Sie ihn dort suchen und dort mit ihm reden müssen.

(1919)

Haßbriefe

Deutsche Studenten haben stets ihre, oft originellen und lustigen Weisen gehabt, um nicht nur Verehrung und Bewunderung, sondern auch ihre Verachtung und ihren Haß auszudrücken. Jener Teil der deutschen Studentenschaft, der durch dick und dünn die alten Traditionen zu retten sucht, der politisch reaktionär und extrem nationalistisch gesinnt ist, sendet mir, aus verschiedenen Universitäten, besonders aus Halle, je und je einen Haßbrief zu. Ich kann diese Briefe nicht beantworten, so interessant sie oft auch sind, aber da sie sich, in ziemlich ähnlicher Form, von Zeit zu Zeit wiederholen und eine ehrliche und wohlgemeinte, ja enthusiastische Gesinnung zeigen, welche dennoch in ihrer Richtung überaus gefährlich ist und für unsere Zukunft Böses fürchten läßt, muß ich doch einmal davon sprechen. Ich nehme zur Grundlage den Brief eines Studenten in Halle, dessen Namen ich nicht nenne. Der Briefschreiber hat das Bedürfnis, mir mitzuteilen, daß er (samt zahlreichen Gesinnungsgenossen von ihm) nicht mir mir zufrieden ist, daß er mir eine schwere Verkennung meiner Pflichten vorzuwerfen habe, daß er samt seinen Kameraden mich tief verachtet, daß ich für ihn und seine Kameraden tot und begraben bin und ihnen höchstens zum Anlaß des Gelächters dienen kann usw. Einige Sätze, besonders charakteristisch, seien mitgeteilt:
»Ihre Kunst ist ein neurasthenisch-wollüstiges Wühlen in Schönheit, ist lockende Sirene über dampfenden deutschen Gräbern, die sich noch nicht geschlossen haben. Wir hassen diese Dichter, und mögen sie zehnmal reife Kunst bieten, die aus Männern Weiber machen wollen, die uns verflachen

und internationalisieren und pazifieren wollen. Wir sind Deutsche und wollen es ewig bleiben. Wir sind die Jünger eines Schiller und Fichte und Kant und Beethoven und Richard Wagner – jawohl, zehnmal eines Richard Wagner, dessen schmetternde Inbrunst wir in alle Ewigkeit lieben werden. Wir haben ein Recht zu fordern, daß unsre deutschen Dichter (sind sie verwelscht, dann mögen sie uns gestohlen bleiben!) unser schlummerndes Volk aufrütteln, daß sie es wieder führen zu den heiligen Gärten des deutschen Idealismus, des deutschen Glaubens und der deutschen Treue!«

Man könnte denken, das seien nun eben Stilübungen, wie sie sentimentale Jünglinge einander früher ins Stammbuch schrieben, naive Äußerungen einer jugendhaften Selbstberauschung an knalligen Worten. Aber das wäre zu optimistisch gedacht, hinter solchen Sätzen steht mehr – zwar keine Gesinnungen, aber ein starker, krankhafter, übrigens auch reichlich neurasthenischer Trotz, ein Bekenntnis zu Tendenzen, die in ihrer Weiterentwicklung gefährlich, geist- und lebensfeindlich sind. Schon daß ein Student das Bedürfnis fühlt, einem Dichter mitzuteilen: »Sie sind tot für uns, wir lachen über Sie!« ist ja ein seltsames Bedürfnis. Er hat irgend etwas von mir gelesen, was ihm neurasthenisch und ungesund oder »undeutsch« oder »verwelscht« scheint – aber es genügt ihm nicht, das Buch wegzulegen, und sich von diesem Dichter nun eben abzuwenden, nein, er hat in diesem Dichter etwas gespürt, ein Gift, eine Verlockung, etwas von Welsch und International, von Menschlich, von Übernational, etwas, wovon Verlockung ausgeht, was man also desto heftiger bekämpfen und in sich selber ausrotten muß! Daß der verwelschte, pazifistische, undeutsche Dichter für ihn tot ist, daß kein anständiger, patriotisch und schillerisch gesinnter Jüngling auf solche Dichter hört, das muß er ihm (und sich selbst) laut und mit einem verdächtigen Aufwand an Affekt zurufen.

Ich will diesen Brief und die mehreren ähnlichen, die ich bekam, hier natürlich nicht erwidern. Mich interessiert es nicht, ob einige hundert oder tausend Studenten mich lesen oder nicht, mich billigen oder nicht, es gibt ernstere Nöte für mich. Aber es interessiert mich, als Symptom der Zeit, die Reaktion heutiger deutscher Studenten auf die Lektüre verwelschter, pazifistischer Dichter, auf deren Bemühungen um Entbarbarisierung und Humanität.

Interessant ist da vor allem der Satz, welcher beginnt »Wir haben das Recht zu fordern«. Also nach der Meinung dieser Studenten ist ein Dichter nicht ein Wesen, welches das ihm Notwendige tut und das desto vollkommener, desto wertvoller ist, je sicherer und unbeirrbarer es sein Wesen, seine Erkenntnis, seine Wahrheit lebt und darstellt, sondern der Dichter ist ein Funktionär, der sich vom Studenten sagen zu lassen hat, was er tun und verkünden soll. Der Dichter hat zu parieren, wenn der teutsche Bursch mit dem Schläger daherklirrt. Junge, wie hast du dich da verraten!

Noch aufschlußreicher für die Krampfhaftigkeit und gefährliche Verbohrtheit der Einstellung ist aber das Bekenntnis des Briefes zu jenen Deutschen, welche der Briefschreiber als die Großen und Führenden empfindet! Er ist Medizinstudent, und vermutlich war er einige Jahre im Kriege, und da er, wie ich zu seiner Ehre annehme, gewiß viel Fleiß auf sein Studium verwendet, wird er uns nicht im Ernst vormachen wollen, er habe als Student schon alle die von ihm angeführten Literaten ausstudiert. Sondern wir dürfen annehmen, er verdanke sein Wissen über deutsche Geschichte und deutsche Genies einigen alldeutschen Vorträgen, oder dem Lesen einer Tendenzschrift von Chamberlain, Rohrbach oder bestenfalls Naumann. Einige der Namen hat er wieder vergessen, die mit zum Programm gehören, so Luther und Hegel, aber deutlich ist das Programm auch so. Es stört mich einzig der Name Beethoven, ihn würde ich zwar nicht bei einer Aufzählung der deutschen Musiker an erster Stelle nennen, aber er ist mir doch zu heilig, um ihn mit in diese schäbige Sache hineinzuziehen. Lassen wir ihn weg, oder vielmehr, geben wir jenem Studenten zu, daß er unter all den ihm heiligen Namen einen einzigen gekannt hat, der auch mir und den mir Gleichgesinnten ehrwürdig ist: Beethoven. Daß weder Mozart noch Bach noch Gluck neben ihm stehen, sondern einzig Wagner, ist freilich schlimm. Aber schließlich ist Musik nicht jedermanns Sache, und warum soll der junge Briefschreiber nicht seine Freude an Lohengrin oder der Rienzi-Ouvertüre haben? Aber daß er von den großen deutschen Dichtern keinen einzigen kennt und nennt, daß alle tiefen, in sich echten, der Konjunktur und Anpassung schwer fähigen und darum einsam gebliebenen Deutschen ihm in dem Augenblicke nicht einfallen, wo er sein Heiligstes nennen möchte, das ist schlimm. Es gibt also für diese Art deutscher Studenten einen deutschen Geist, der eindeutig und strahlend vertreten wird durch Schiller, Fichte, Kant! Kein Goethe, kein Hölderlin, kein Jean Paul, kein Nietzsche! Ich fürchte, der Briefschreiber sei nicht ganz ehrlich gewesen, ich habe ein Gefühl, als wären ihm im Grunde Namen wie Scharnhorst, Blücher, Bismarck, Roon etc. noch näher gelegen. Ich fürchte, von Schiller meine er weniger die revolutionäre als die dekorative Seite, und von Kant habe er die Kritik der reinen Vernunft weniger aufmerksam gelesen als die der praktischen — vielleicht aber kennt er ihn auch nur aus jener bekannten Stelle vom Stern-himmel.

Die sämtlichen von dem Briefschreiber verehrten deutschen Geister gehören, offen gesagt, für mich zu den dekorativen Größen. Ich gebe für zwei Gedichte von Hölderlin den ganzen Schiller und den Fichte dazu, und Kant hat, trotz seiner riesigen Leistung, auf den deutschen Geist einen kei-neswegs reinen und nur wohltätigen Einfluß gehabt. We-nigstens ist sein unerbittlich kritisches Denken und die Reinlichkeit seiner Methode keineswegs allgemein gültiges Vorbild der seitherigen Philosophen und Professoren Deutschlands geworden, wohl aber sein Ausbiegen nach der Seite der Autoritäts- und Staatsmoral und sein Servilis-mus dem Landesfürsten gegenüber.

Kurz, der mit so viel Schwung von unserem Briefschreiber bekannte deutsche Glaube zeigt sich mir in nichts verschie-den von jenem Glauben des deutschen Durchschnittsgebil-deten vergangener Zeit, von jenem bequemen, unselbstän-digen, streng autoritativen und vor jedem kollektiven Ideal sich verneigenden Bürgerglauben, gegen den Goethe so oft gekämpft und protestiert hat, an dem Hölderlin zerbrochen ist, den Jean Paul ironisiert und Nietzsche so wütend denun-ziert und an den Pranger gestellt hat. Es ist der Geist, der stets zu haben ist, wenn es gilt, unter Fahnenschwingen und Schwertergeklirr eine »große Zeit« zu eröffnen oder Weltproteste von der Art jener Dreiundneunzig loszulas-sen.* Es ist der Geist, der Angst vor sich selber hat und jede Verlockung von der gewohnten Fahne weg gleich als sata-

* Protest von 93 prominenten deutschen Gelehrten und Intellektuellen im Herbst 1914 gegen die Anschuldigungen der Illegalität von Deutsch-lands Einmarsch in das neutrale Belgien.

nisch empfindet, der aber diese innere Feigheit hinter lärmenden Säbelrasseln verbirgt. Daß dieser Geist sich für den deutschen Geist ausgeben darf, daß er jahrzehntelang, vom Regime seit 1870 unterstützt, sich in die Welt hineinposaunt hat, dies hat uns andere, die wir diesen Geist nicht lieben und für einen Popanz halten, zu Internationalisten und Pazifisten gemacht. Denn jener deutsche Pseudogeist, um es klar zu sagen, ist es, dem mit Recht die Welt Schuld am Kriege vorwirft. Wer sich zu ihm bekennt, hat weiter Teil an dieser Schuld. Um den Weg aus der Hypnose durch Autorität und aus jenem »Idealismus« der doppelten Wahrheit herauszufinden, braucht man nicht, wie jener Briefschreiber meint, das deutsche Wesen zu verneinen: Man muß sich nur soweit verwelschen und internationalisieren, daß man von Welschen und Ausländern wie Jesus, Franz von Assisi, Dante, Shakespeare zu lernen bereit ist.

Im übrigen kann man die von mir propagierte, vom Briefeschreiber für undeutsch und unmännlich gehaltene Gesinnung auch von zahlreichen deutschen Männern, die ihre Verkünder und Märtyrer waren, bestätigt finden. Nur muß man dann einige Schritte tun, die der Briefschreiber zu tun über seinen andern Studien noch nicht Zeit fand: Man muß in der deutschen Vergangenheit etwas weiter zurücksteigen als bloß bis in die klassisch-idealistische Zeit, in welcher von würdigen und zum Teil genialen Männern die Fundamente zu dem geschaffen wurden, was heute als offiziell-deutsche Staatsbeamtengesinnung entartet und antiquiert ist, sondern man muß ein älteres, früheres, ein Deutschland der mittelalterlichen Dome und Dichtung aufsuchen. Und im späteren Deutschland muß man neben Wagner auch Bach und gar Mozart, neben Kant auch Schopenhauer und Nietzsche, neben Schiller auch Goethe, Hölderlin und Jean

Paul kennen und anerkennen. Dann kann man ein Mann und ein Deutscher bleiben und doch die Weltgedanken der Menschenliebe und der Menschenvernunft mitdenken und verwirklichen helfen. Mit der Gesinnung jener Briefschreiber, mit dem einseitigen, idealistisch-ideologischen Deutschtum, das nur Kant, Schiller, Fichte, Wagner kennt, geht es freilich nicht. Dies einseitige, verbohrte Deutschtum, das von vielen Kanzeln und Kathedern gelehrt wurde, das mit dem Kriege nicht zusammengebrochen scheint, muß einem unendlich weiteren, elastischeren Deutschtum Platz machen, wenn Deutschland nicht bis in Ewigkeit zwischen den Völkern der Welt einsam, verärgert und weinerlich sitzenbleiben soll.

(1921)

»Verrat am Deutschtum«

Eine kleine Schrift »Verrat am Deutschtum« von Wilhelm
Michel gibt Anlaß, auch einmal ein Wort über eine der
häßlichsten und törichsten Formen jungdeutschen Nationalismus zu sagen, über die blödsinnige, pathologische Judenfresserei der Hakenkreuzbarden und ihrer zahlreichen,
namentlich studentischen, Anhänger. Es gab früher einen
Antisemitismus, er war bieder und dumm, wie solche Anti-
bewegungen eben zu sein pflegen, und schadete nicht viel.
Heute gibt es eine Art von Judenfresserei unter der deutschen, übel mißleiteten Jugend, welche sehr viel schadet,
weil sie diese Jugend hindert, die Welt zu sehen wie sie ist,
und weil sie den Hang, für alle Mißstände einen Teufel zu
finden, der dran schuld sein muß, verhängnisvoll unterstützt. Man mag die Juden lieben oder nicht, sie sind Menschen, häufig unendlich viel klügere, tatkräftigere und bessere Menschen als ihre fanatischen Gegner. Man mag sie,
wo man sie als schädlich empfindet, auch bekämpfen, wie
man gelegentlich gegen Übel kämpft, die man als notwendig
kennt, die aber dennoch je und je zu erneutem Anlauf
reizen. Daß man aber eine Menschenklasse schlechthin für
das Übel in der Welt und für die tausend schlimmen Sünden
und Bequemheiten des eigenen, deutschen Volkes als Sündenbock aufstellt, ist eine Entartung so schlimmer Art, daß
ihr Schaden allen Schaden, der je durch Juden geschehen
sein mag, zehnfach aufwiegt.

(1922)

Entwurf zum Brief an einen Kommunisten

I. *Für* Kommunismus bin ich mit dem *Herzen*, denn immer hat der Unterdrückte, nie der Unterdrücker meine Liebe gehabt, bei jedem Prozeß war mein Mitgefühl beim Angeklagten, nie beim Richter. Versteht sich das heute noch von selbst?

II. Ich glaube auch mit dem *Verstand* an den Kommunismus, d. h. ich bin überzeugt, daß die kapitalistische Wirtschaftsform und Gesellschaftsordnung überlebt und schwerkrank und dem Untergang nahe ist. Ich tue nichts um sie zu stützen. Leider wird in vielen Ländern, auch in Deutschland, der Umwälzung wohl eine Welle weißen Terrors vorangehen.

III. Daß ich dennoch selbst nicht aktiver Kommunist bin, hat 3 Gründe. Der erste und für mich entscheidende ist: ich bin persönlich unfähig mich einer Partei einzureihen, Programm in Bausch und Bogen zu bejahen.

IV. Der zweite Grund ist mein tiefer Haß gegen die Gewalt. Im Augenblick, wo die Unterdrückten die kleine Minderzahl ihrer Unterdrücker totschlagen, wo sie im Namen ihrer Idee schießen, brennen, Minen legen und hinrichten, ist sie mir ebenso fremd wie irgend eine andere Macht, die unter Berufung auf edle Ziele, sich durch rein materielle Mittel und Tötungswerkzeuge durchsetzt. Ich kenne die Gegen-Argumente der Aktivisten, und ich lehne sie für meine Person vollkommen ab.

V. So sehr ich an die Zukunft des Kommunismus glaube und von seinem fortschreitenden Sieg überzeugt bin, ja eben darum, kann ich auf eine persönliche Kritik an seinen geistigen Methoden nicht verzichten. Sie sind nicht schlechter und scheinen mir nicht bedenklicher als die der andern Parteien. Aber auch sie vergewaltigen das Denken und trüben die wirkliche Einsicht durch brutale, nur vom Willen diktierte Methoden. Z. B. ist das, was man »marxistische« Geschichtsbetrachung nennt, gewiß nicht ohne Geist, aber es ist ebensowenig eine objektive und selbstlose Methode als irgendwelche heroisierende und faschistische Betrachtungsart. Ich diene dem Geist, und wo eine Partei den Geist vergewaltigt, hat sie mich zum Gegner.

Man kann nun von Ihrem Standpunkt aus die Frage stellen: »Wozu dient denn eine sogenannte Lebensarbeit? Was nützt es, den Unterdrücker zu hassen, wenn man sich doch davor scheut ihn niederzuschlagen? Und wozu ist dein Dienst am Geiste denn gut, wenn er nicht direkt und mit allen Kräften dazu helfen will, daß die Welt verbessert und das Leben menschenwürdiger wird?«

Jede Partei stellt solche Fragen an die Vertreter des Geistes. Sie sind falsch gestellt, und können nicht beantwortet werden.

Während einer kommunistischen Revolution wird der Dichter, Künstler oder Gelehrte als entbehrlich, ja hinderlich empfunden, wenn er nicht mitschießt und Barrikaden bauen hilft. Als Feind der Gewaltmethoden wird er vielleicht sogar an die Wand gestellt und erschossen. Kaum aber ist der Entscheidungskampf vorbei, so zeigt sich, daß das Totschlagenkönnen nicht die einzige Kunst auf Erden ist. Es bedarf nach dem Siege vieler Arbeit, man braucht den Ingenieur, den Lehrer, den Publizisten, man braucht auch den Künstler, den Dichter, den Deuter. Und es ist ein kindlicher Optimismus zu glauben, es werde dann, im Reich der Zukunft, eine neue Sprache, eine neue Kunst, ein neues Ausdrucksvermögen sich von selber einfinden, oder es werde auf die Dauer in Wort und Kunst dasjenige sich bewähren, was im ersten Augenblick als Gestammel der Ergriffenheit vielleicht die primitive Menge begeistert. Diese Menge wird und will ja nicht primitiv bleiben, sie hat ja nicht bloß das Recht auf Brot, sondern auch das Recht auf Geist erkämpft. Und so wie sie den Chauffeur oder Arzt nicht in erster Linie nach dem Grad seines Parteiglaubens einschätzt, sondern schließlich von ihm verlangt und erhofft, daß er einen Wagen steuern und eine Lungenentzündung behandeln könne, so wird sie es auch mit uns Künstlern halten müssen. Wenn nicht eine Anzahl Dichter, Schriftsteller und andre Künstler übrig bleiben, welche aus der Überlieferung der Jahrhunderte eine gesiebte und mit strengster Gewissenhaftigkeit geprüfte Erbschaft mit herüber bringen, dann ist Unersetzliches zerstört, zu dessen notdürftigem Ersatz eben wieder Jahrzehnte und Jahrhunderte vergeudet werden müssen.

Es ist nicht zu fürchten, daß man damit Konjunktur-Künstler großziehe. Gewiß werden die geschmeidigen Auchkünstler, die Liebediener des Bürgertums, sofort zu Liebedienern der neuen Lebensordnung werden und das neue Reich am lautesten preisen – manchmal glaube ich ihre Stimmen schon zu hören. Und gewiß werden diese ehrgeizigen und käuflichen Kunsthandwerker, die geschickten Gesinnungsheuchler, nicht alle sofort erkannt und abgelehnt werden, die Menge wird vielmehr von ihnen entzückt sein, denn sie liebt das Auffallende und die Superlative. Aber langlebig werden diese Erfolge nicht sein, wie sie es auch heute nicht sind, und die Entwicklung wird an diesen Lächerlichkeiten vorüber immer wieder nur durch die geduldigen, gewissenhaften, von ihrem Amt besessenen, ihm mit dem Leben verantwortlichen Geister gehen. Die Mode-

Kommunisten werden eine Weile blühen, und werden ab-
welken, und es wird sich nichts in der Welt verändert haben.
Die echten Gestalter und Deuter des Lebens aber werden
auch im Reich der Zukunft nicht Ausrufer und Plakatmaler
von Programmen sein, sie werden auch im kommunistischen Staate eigensinnig und schwierig sein und sich nicht
nach vorn drängen, und werden, auch wo sie dem souverä-
nen Volk nicht schmeicheln, keine unwürdigen Genossen
sein. Viele werden es nicht sein, sie kommen nicht in Rudeln
zur Welt, und wenn man sie terrorisieren und gegen ihr
Gewissen gebrauchen will, werden sie es vorziehen sich
totschlagen zu lassen, statt Verrat am Geist zu üben.
Daß in jedem Lande einige von diesen Geistern die Revolu-
tionen überdauern und eine gewisse Erbmasse an geistigem
Gut, an Sprache, an Methode, an Gedankenzucht, an geisti-
ger Gewissenhaftigkeit mitbringen, ist mein innigster
Wunsch an die Zukunft. Sie werden nicht herrschen wollen,
sie werden wenig Lärm machen, aber sie werden Zuflucht
und Schule für alle jungen Talente sein.

(*1931*)

Brief an einen Kommunisten

I

Meine persönliche Stellung zum Kommunismus läßt sich nicht schwer formulieren. Der Kommunismus (worunter ich im wesentlichen die Ziele und Gedanken des alten Marxischen Manifestes verstehe) ist im Begriff, seine Verwirklichung in der Welt durchzusetzen, die Welt ist reif dafür, seit nicht nur das kapitalistische System so deutliche Zeichen des Verfalls zeigt, sondern namentlich auch seit die »Mehrheits«-Sozialdemokratie die revolutionäre Fahne vollkommen verlassen hat.

Ich halte den Kommunismus nicht nur für berechtigt, sondern ich halte ihn für selbstverständlich — er würde kommen und siegen, auch wenn wir alle dagegen wären. Wer heute auf seiten des Kommunismus steht, der bejaht die Zukunft.

Außer diesem Ja, das mein Verstand zu Ihrem Programm sagt, hat auch, seit ich lebe, eine Stimme in mir für die Leiden gesprochen, ich bin immer für die Unterdrückten gegen die Unterdrücker, für den Angeklagten gegen die Richter, für die Hungernden gegen die Fresser gewesen. Nur hätte ich allerdings diese mir natürlich scheinenden Gefühle niemals kommunistisch genannt, sondern eher christlich.

Also: ich glaube mit Ihnen, daß der marxistische Weg über den sterbenden Kapitalismus hinweg zur Befreiung des Proletariates der Weg der Zukunft ist, und daß die Welt ihn gehen muß, sie mag wollen oder nicht.

Soweit sind wir einig.

Nun aber fragen Sie vermutlich: Warum ich, wenn ich doch

an die Richtigkeit des Kommunismus glaube und es mit den Unterdrückten gut meine, denn nicht mit Ihnen in den Kampf ziehe und meine Feder in den Dienst Ihrer Partei stelle.

Darauf ist schwieriger zu antworten, denn hier handelt es sich um Dinge, die für mich heilig und bindend sind, die aber für Sie kaum existieren. Ich lehne es vollkommen und entschieden ab, als Parteimitglied einzutreten oder meine Schriftstellerei in den Dienst Ihres Programms zu stellen, obwohl die Aussicht auf Brüder und Kameraden, auf die Gemeinschaft mit einer Welt von Gleichgesinnten lockend genug wäre.

Aber wir sind eben nicht gleichgesinnt. Denn wenn ich auch Ihre Ziele billige, oder, um deutlich zu sein: wenn ich auch daran glaube, daß der Kommunismus reif ist, die Herrschaft und damit die ungeheure Verantwortung zu übernehmen, beginnend mit dem Aufsichladen von Blut und Krieg — so ist das für mich nicht anders als wenn ich im November daran glaube, daß jetzt bald der Winter kommt. Ich glaube an den Kommunismus als Programm für die kommende Menschheits-Stunde, ich halte ihn für unentbehrlich und unumgänglich. Aber ich glaube deswegen keineswegs daran, daß der Kommunismus auf die großen Lebensfragen bessere Antworten habe als irgendeine frühere Weisheit. Ich glaube, daß er nach hundert Jahren Theorie, und dem großen russischen Versuch, jetzt nicht nur das Recht, sondern die Pflicht habe, sich in der Welt zu verwirklichen, und ich glaube und hoffe aufrichtig, daß es ihm gelingen werde, den Hunger abzuschaffen und einen großen Alpdruck von der Menschheit zu nehmen. Aber daß damit das geleistet werde, was die Religionen, Gesetzgebungen und Philosophien früherer Jahrtausende nicht leisten konnten, das glaube ich nicht. Daß der Kommunismus über die Verkündigung vom Recht eines jeden Menschen auf Brot und auf Geltung hinaus recht habe und besser sei als irgendeine frühere Glaubensform, das glaube ich nicht. Er hat seine Wurzeln im neunzehnten Jahrhundert, mitten im Boden der dürrsten und dünkelhaftesten Verstandesherrschaft, eines besserwissenden, phantasielosen und lieblosen Professorenturms. Karl Marx hat das Denken in dieser Schule gelernt, seine Geschichtsbetrachtung ist die eines Nationolökonomen, eines großen Spezialisten, aber sie ist keineswegs »sachlicher« als irgendeine andre Art der Betrachtung, sie ist außerordentlich einseitig und unelastisch: ihre Genialität und Rechtfertigung liegt nicht in ihrem höheren Rang an Geist, sondern in ihrer Entschlossenheit zur Tat.

Wenn wir heute 1831 schreiben würden statt 1931, so würde ich wahrscheinlich als Dichter und Schriftsteller sehr stark von den Wehen und Erschütterungen des Morgen und Übermorgen beunruhigt sein und würde der Erkenntnis des sich vorbereitenden Umsturzes für eine gewisse Zeit alle meine Kräfte widmen. So hat es damals der Dichter Heinrich Heine getan, und er wurde für eine gewisse Zeit, vielleicht für die fruchtbarste seines Lebens, in Paris der Freund und Mitarbeiter des jungen Karl Marx. Heute aber würde derselbe Heine sich eben auch wieder mehr für das Morgen und Übermorgen interessieren als für die Ausführung dessen, was längst als richtig und ausführenswert erkannt ist. Er würde heute ohne weiteres erkennen, daß der Sozialismus seine Schule hinter sich hat und entweder die Weltherrschaft antreten muß oder erledigt ist. Und er würde diesen Vorgang, die kommunistische Welteroberung, billigen und richtig finden, würde aber keinen Antrieb spüren, an diesem mit voller Wucht rollenden Wagen selber mitzuziehen.

Der Dichter ist weder etwas Besseres noch etwas Geringeres als der Minister, als der Ingenieur, als der Volksredner, aber er ist etwas vollkommen anderes als sie. Ein Beil ist ein Beil, und man kann damit Holz spalten oder auch Köpfe. Eine Uhr aber oder ein Barometer sind zu anderen Zwecken da, und wenn man mit ihnen Holz oder Köpfe spalten will, gehen sie kaputt, ohne daß irgend jemand davon Nutzen hat.

Es ist hier nicht der Ort, um die Aufgaben und Funktionen des Dichters, als eines besonderen Werkzeuges der Menschheit, aufzuzählen und zu erklären. Er ist vielleicht eine Art von Nerv im Körper der Menschheit, ein Organ, um auf zarte Anrufe und Bedürfnisse zu reagieren, ein Organ zum Wecken, zum Warnen, zum Aufmerksammachen. Aber er ist nicht ein Organ, um damit Plakate zu verfassen und anzunageln, er eignet sich nicht zum Ausrufer auf dem Markt, denn seine Stärke liegt ja gar nicht in der lauten Stimme, das kann Hitler viel besser. Jedenfalls aber, seine Aufgaben mögen nun diese oder jene sein: einen Wert hat er nur dann und ernst zu nehmen ist er nur dann, wenn er sich nicht verkauft und nicht mißbrauchen läßt, wenn er lieber leidet oder stirbt als dem untreu zu werden, was er als seine Berufung in sich fühlt.

Karl Marx hat für die Dichtung und Kunst der Vergangenheit, z. B. für die griechische, recht viel Verständnis gehabt, und wenn er je in irgendeinem Punkt seiner Lehre vielleicht nicht vollkommen aufrichtig war, dann war es darin, daß er trotz besseren Wissens die Künste nicht als ein Organ der Menschheit anerkannte, sondern bloß als ein Stückchen vom »ideologischen Überbau«.

Nein, ich möchte Euch Kommunisten im Gegenteil eher vor Dichtern warnen, die sich Euch anbieten, die sich zu Ausrufern und Mitkämpfern eignen. Der Kommunismus ist eine sehr wenig dichterische Angelegenheit, er war es schon bei Marx nicht, und ist es heute noch viel weniger. Der Kommunismus wird sogar, wie jede große Welle materieller Macht, die Poesie sehr in Gefahr bringen, er wird wenig Sinn für Qualitäten haben und mit ruhigem Schritt eine Menge von Schönem tottreten, ohne es zu bedauern. Er wird allerlei Umsturz und Neuordnung bringen, bis das neue Haus für die neue Gesellschaft gebaut ist, es wird viel Schutt herumliegen, und wir Künstler werden als Handlanger dabei nicht am rechten Orte sein. Man wird noch mehr über uns und unsre zarten Sorgen lachen und uns oft noch weniger ernst nehmen, als es im Zeitalter des Bourgeois geschah.

Aber es wird im neuen Haus der Menschheit sehr bald wieder Unzufriedenheit entstehen, und sobald die Furcht vor dem Hunger gebannt ist, wird sich zeigen, daß auch der Zukunfts- und Massenmensch eine Seele hat, und daß diese ihre Arten von Hunger und Bedürfnis, von Trieb und Zwang in sich ausbildet, und daß die Triebe, Bedürfnisse, Wünsche und Träume dieser Seele einen überaus großen Anteil an allem haben, was die Menschheit denkt und tut und anstrebt. Und wenn dann Seelenverständige da sein werden: Künstler, Dichter, Versteher, Tröster, Wegweiser, so wird es gut für die Menschheit sein.

Im Augenblick sind Eure Aufgaben klar zu erkennen. Ihr Kommunisten habt ein klares Programm zu erfüllen, und habt Euch dafür einzusetzen. Im Augenblick scheinen Eure Aufgaben viel klarer, viel notwendiger und ernster als die unsern. Das wird sich ändern, wie es sich schon oft geändert hat.

Ihr werdet mit dem Recht des Kriegführenden vielleicht

diesen oder jenen Dichter totschlagen, weil er für Eure Feinde Kampflieder dichtet; wahrscheinlich wird sich nachher zeigen, daß es gar kein Dichter war, sondern bloß ein Plakatverfasser. Aber Ihr werdet Euch zu Eurem Schaden täuschen, wenn Ihr glaubt, ein Dichter sei ein Instrument, dessen sich die jeweils herrschende Klasse beliebig im Sinn eines Sklaven oder eines käuflichen Talentes bedienen könne. Ihr würdet mit dieser Meinung mit Euren Dichtern schwer hereinfallen und es würden gerade die wertlosen an Euch hängenbleiben. Die echten Künstler und Dichter aber werdet Ihr, falls Ihr Euch später einmal darum bekümmern wollt, daran erkennen, daß sie einen unbändigen Drang nach Unabhängigkeit haben und sofort zu arbeiten aufhören, wenn man sie zwingen will, die Arbeit anders als allein nach dem eigenen Gewissen zu machen. Sie werden weder für Zuckerbrot noch für hohe Ämter käuflich sein und sich lieber totschlagen als mißbrauchen lassen. Daran werdet Ihr sie erkennen können.

(1931)

Brief an einen Kommunisten
II

Sie möchten wissen, wie ich zum Kommunismus stehe, und ich will gerne versuchen, Ihnen darauf Antwort zu geben — obwohl schon Ihre Fragestellung mir zeigt, daß Sie von dieser Antwort enttäuscht sein werden. Denn Sie bekennen sich zu einem Programm, einem Ziel, und möchten eigentlich nichts weiter von mir wissen, ob ich zu diesem Programm und Ziel Ja sage oder nicht. Und schon hier trennen sich unsre Wege, denn meine Aufgabe ist es keineswegs, mich zu irgendwelchen Programmen und Zielen zu bekennen und sie zu fördern, sondern im Gegenteil, mich frei vom Starrsinn der Programme zu halten und meine Ehrfurcht dem Lebendigen zu bewahren, das keine Programme kennt und mit unsren politischen Meinungen und Kämpfen nicht mehr zu tun hat als das tiefe unendliche Meer mit den Wellenspielen seiner Oberfläche.

Aber versuchen wir dennoch, einander zu verstehen, vielleicht haben wir beide etwas davon.

Ihnen mitzuteilen, was mich mit Ihnen verbindet und mir Ihre Gesinnung sympathisch macht, ist leicht. Ich bin zeitlebens auf der Seite der Leidenden gestanden, ja ich kann beinah sagen, es hat mich zeitlebens nur der leidende Mensch interessiert und beschäftigt. Ich bin in jedem Prozeß mit dem Herzen auf Seiten des Angeklagten, nie des Staatsanwaltes, ich war während der friedlichen Vorkriegsjahre ein Gegner des Kaisers und des Hurrahgebrülls, und war während des Krieges ein Gegner des Krieges und Kriegsgeistes.

Ich bin auch darin mit Ihnen einig, daß es mir absurd und

der Veränderung bedürftig scheint, wenn ein paar Prozent unsrer Mitmenschen Geld, Nahrung, Kleidung und Bildungsmöglichkeit im Überfluß haben, während alle andern verelenden. Der Hungernde, der um sein Brot nicht mehr betteln und sich entwürdigen mag, sondern es als sein Recht verlangt, hat meine Zustimmung, und der nach Geist Begierige nicht minder, wenn er sein Recht auf Bildung proklamiert. Immerhin schätze ich den Armen höher, der trotz der Ungunst seiner Lage sich um Anteil am Geist bemüht und sich Bildung erwirbt, als den, der bloß darüber schreit, daß Bildung nur für den Bourgeois da sei, und der keineswegs beglückt wäre, wenn man ihm eine griechische Grammatik und Zeit genug zu deren Studium gäbe.

Meine Zustimmung zu Ihrem Programm geht noch weiter. Ich habe nicht nur nicht das Mindeste dagegen, daß die von Ihnen gewünschte Lebensordnung eingeführt werde, sondern ich halte es für wünschenswert und notwendig, daß dies Experiment bei uns gemacht werde. Ich stimme so ziemlich allem zu, was Sie gegen die kapitalistische Ordnung sagen, und halte diese Ordnung für verfault und für reif zum Untergang. Ich bin nicht nur theoretisch kein Gegner von Sozialisierung oder, wie der Bürger sagt, Bolschewisierung, sondern ich halte diesen Weg für den einzigen gangbaren als Versuch zu Neuem und Besserem. Ich sehe den Zusammenbruch der kapitalistischen Ordnung schon morgen oder übermorgen kommen, und stimme ihm zu, auch da, wo er für mich persönlich Belästigung und Einschränkung zur Folge hat. Ich könnte sagen: Sie brauchen mein Einverständnis wirklich nicht, der Umsturz und die kommunistische Neuordnung wird, wie ich glaube, unbedingt und bald kommen, ganz einerlei ob Sie und ich und irgendwer dazu Ja oder Nein sagen möge. Ich werde zu diesem Umsturz positiv eingestellt sein, da ich ihn für gerecht und notwendig halte, und werde für meine Person seiner Bekämpfung und Verzögerung keinerlei Hilfe leisten.

Soweit verstehen Sie mich ohne weiteres. Nun aber gehen wir auseinander.

»Warum«, so fragen Sie nämlich, »stehen Sie mit solchen Gesinnungen nicht in unserem Lager? Warum helfen Sie nicht, das zu befördern, was Sie für gerecht und notwendig halten? Warum machen Sie nicht Ernst und stellen sich der Bewegung zur Verfügung, welche die auch von Ihnen gebilligte und gewünschte Zukunft vorbereitet?«

Ich habe dafür, daß ich nicht zu Ihrer Partei, daß ich überhaupt zu keiner Partei gehöre, eine Menge von Gründen, vielmehr sind es nicht Gründe, sondern lebendige Notwendigkeiten, denen ich gehorche. Ich lebe, atme und arbeite trotz Vereinsamung und Verzweiflung inmitten der heutigen Welt einzig auf Grund des Glaubens, daß ich eine Aufgabe und einen Dienst zu erfüllen habe, daß diese Aufgabe höher sei als meine persönlichen Wünsche und Meinungen, und daß ich diesem Dienst ganz und gar gewidmet und verfallen sein müsse, weil ohne ihn mein Leben weder Wert noch Sinn hätte.

So wie Sie Ihre Gedanken und Ihre persönliche Energie in den Dienst Ihres politischen und sozialen Programmes stellen, so habe ich mein Leben vollkommen in einen anderen Dienst gestellt, nur ist mein Dienst nicht so klar und nüchtern auf eine Formel zu bringen wie der Ihre. Er gilt nicht einer Veränderung des Menschenlebens durch äußere Mittel, durch Verfassungen, Gesetze und Organisationen (alle diese Mittel hat Ihre Partei und Gesinnung mit allen anderen politischen Parteien und Gesinnungen gemein), sondern einem gewissermaßen okkulten Glauben, nämlich dem Glauben an das Leben selbst als höchsten Wert, dem Glauben an die Ewigkeit, Macht und Schönheit des Lebens an sich, des Lebens aus Gottes Hand, des natürlichen und kindlichen Lebens, dessen Grund nicht ein rationaler und männlicher Geist, sondern seelenhaft und mütterlich ist. Das Befehlen, Kriegführen, Organisieren, Rationalisieren, die Programme und Gesinnungen, sie seien kommunistisch oder das Gegenteil, gehören allesamt einer vollkommen anderen Welt an als der, in deren Dienst ich stehe.

Damit wir aber nicht in eine babylonische Sprachverwirrung geraten, und Sie mich nicht für einen Schwärmer und Verrückten halten, muß ich versuchen, Ihnen meine Welt und meinen Dienst als etwas Reales sichtbar zu machen, als etwas das mindestens ebenso wirklich ist wie die Inhalte Ihrer Welt, wie Hunger, Ungerechtigkeit, Gewalt, Politik, Umsturz etc. etc.

Ich kann Ihnen ein Beispiel aus der jüngsten Geistesgeschichte nennen, das Ihnen zeigen wird, wie etwas scheinbar Irrationales, Phantastisches und Verrücktes, dessen »Wirklichkeit« von allen Mächten der Ordnung und des Verstandes einfach nicht wahrgenommen werden kann, dessen Vorhandensein und Macht die Wissenschaft mit überlegenem Lächeln leugnet − wie etwas derart Wesenloses plötzlich eine Wirklichkeit gewinnen kann, vor der alle Wissenschaften sich beugen. Ich meine den Basler Professor [Johann Jakob] Bachofen und seine Lebensarbeit. Dieser Mann, der eine große Gelehrsamkeit und eine große Liebe zum Altertum und seiner Geschichte hatte, stieß bei seinen Forschungen überall auf etwas, was er »Mutterrecht« [1861] genannt hat, auf ein ganz bestimmtes Lebensgefühl und eine ganz bestimmte Lebensform nämlich, in welcher statt des Mannes die Frau herrscht, und deren Bräuche, Anschauungen, Rechtsformen, Sitten und Künste sich zu unsrer männlich orientierten Welt etwa verhalten wie Rechts und Links, in einem Gegensatz, der zugleich eine Verwandtschaft und Entsprechung ist. Der Gelehrte fand im ganzen Altertum, über alle bekannten Länder und Völker und über viele Jahrhunderte ausgedehnt, dies »Mutterrecht« vor, er las sein Vorhandensein aus Inschriften, Kunstwerken, Rechtsformeln, Gebräuchen, Opferriten, er bekam keinen bekritzelten Stein und keine Inschrift des Altertums in die Hand, woraus ihm nicht dies »Mutterrecht« als etwas der ganzen alten Welt Wohlbekanntes und Selbstverständliches entgegen getreten wäre. Aber er stand damit ganz allein. Seine Kollegen von der Archäologie und Philologie, sämtliche Historiker, sämtliche Inschriftenspezialisten, sämtliche Rechtsforscher, sämtliche bewährten Kenner des Altertums konnten von diesem »Mutterrecht« absolut nichts entdecken, außer ein paar vereinzelte Anspielungen bei den alten Autoren und in den alten Kunstwerken, welche als Phantasiespiele, als Sagen, als Mythen belächelt und von niemand ernst genommen wurden. Der gute Bachofen mit seinem Mutterrecht war ein Verrückter, niemand nahm ihn ernst, die Wissenschaft ging über ihn weg.

Aber heute ist dieser Bachofen der große Mann eines Jahrhunderts, heute ist das Vorhandensein des »Mutterrechts« als einer allgemein menschlichen, zu allen Zeiten vorkommenden und möglichen Lebensform etwas vollkommen Selbstverständliches, und daß die Kunstwerke und die Mythen der alten Völker unendlich viel wahrer und tiefer und ergebnisreicher sind als alles, woran zu Bachofens Zeit die Welt und die Wissenschaft glaubte, das weiß heut jeder

Student. Es hat sich das Wunder ereignet, daß der Verrückte, der unter allgemeinem Gelächter behauptet hat, es
stehe außer der Sonne auch noch ein Mond am Himmel,
Recht behalten hat, daß die Welt ihm zustimmt und eben-
falls den Mond am Himmel sieht und zugibt, und daß man
jetzt nicht mehr über den Verrückten, sondern über die
damalige Welt und Wissenschaft lacht, die den Mond leugnen wollte, den wir doch alle so schön deutlich sehen.

Nun, so wie Bachofen sein »Mutterrecht« überall vorhanden wußte, wie er die Geschichte der Menschheit überall
von ihm durchzogen fand, so ist für mich, und für jeden
Künstler, hinter der »Wirklichkeit« unsres Lebens überall
ein andres Leben vorhanden, in welchem alle Gesetze, Kon-
ventionen und Normen unsres Oberflächenlebens nicht gel-
ten, in welchem das Verbotene erlaubt, das Verrückte sinn-
voll, das Edle gemein, das Helle dunkel ist. Wir Künstler
und wir Fromme (beide gehören zusammen) leben in unsrem Europa und unsrem deutschen Reich, in unsrer Politik
und Kultur bloß zu Gast, so wie verlaufene Ameisen in
einem Bienenkorb, oder heruntergefallene Mondleute auf
einem andern Stern leben mögen, fremd und ohne Glauben
an das, was in dieser Welt gilt und geschätzt wird, anderen
Herkünften verpflichtet, anderen Gesetzen untertan. Wir
lieben und suchen nicht die Macht und nicht das Geld und
nicht die Tugend und nicht die Freiheit, sondern wir suchen
und lieben einzig das Schöne, und das, was wir so nennen,
kann man von der »richtigen« und alltäglichen Welt aus gar
nicht bestimmen und beurteilen, denn sein Merkmal ist
gerade die vollkommene Umkehrung der alltäglichen Wer-
tungen und Urteile.

Was dieses »Schöne« denn sei, darüber wird viel geredet –
von den Nichtkünstlern und Nichtfrommen nämlich, und

es werden ihm viele Namen gegeben, aber für die »normale« Welt gibt es nur *ein* einziges sicheres Kennzeichen des Schönen: es ist zweckfrei, es unterliegt nicht dem Gesetz der Zweckmäßigkeit. Ein Gewehr muß schießen können, ein Auto muß fahren können, ein Kunstwerk aber muß gar nichts können, muß uns gar keinen Nutzen bringen, es muß nur schön sein.

Anerkannt wird das Vorhandensein und der hohe Wert dieses »Schönen« auch von den Normalen, von den Weltmenschen und Zweckdienern. Es gibt mitten in unsrem Alltag, und nicht einmal selten, den Arzt oder Richter oder Offizier oder Chemiker, der den ganzen Tag hindurch mit Eifer und pflichtbewußt sein Amt versieht, am Abend aber beim Hören eines Quartetts von Mozart plötzlich Tränen in die Augen und ein ebenso brennendes wie beseligendes Heimweh im Herzen spürt, als habe er das Schönste, Wichtigste und Heiligste im Leben vergessen und werde jetzt plötzlich wieder daran erinnert. Es kommt vor, daß ein schäbiger beflissener Geldverdiener irgendwo ein altes oder neues Gemälde zu sehen bekommt, das gar nichts für ihn Wichtiges darstellt, dessen Farben aber auf eine ihn im Herzen berührende Art aufeinander gestimmt sind – und der Geldmensch geht hin und kauft sich dies Gemälde, er gibt das Höchste, was er kennt, das liebe Geld, gern und in Mengen weg, um Anteil am Glück dieser Farbenschwingungen zu haben, um sich ihren Anblick oft zu gönnen. Dabei ist vielleicht das Bild, das er kauft und anbetet, nach dem Urteil des Zeitgeschmacks ersten oder letzten Ranges, und statt des Bildes kann es auch etwas andres sein, z. B. ein scheußlicher glotzäugiger Götze aus Afrika oder Mexico, oder eine Matte aus farbigem Bast geflochten, hergestellt auf einer kleinen Koralleninsel von einem nackten primitiven Menschen, für dessen Gedanken- und Vorstellungswelt der Käufer der Matte bloß ein überlegenes Lächeln hat, der aber eben doch auf seiner Insel solche Sachen herstellt: Dinge, deren Schönheit etwas Beglückendes hat, und die dem, der für sie empfänglich ist, das Märchen von einer anderen, paradiesischen, seligen Welt erzählen, das Märchen von einem Leben um des Lebens, nicht um der Notdurft willen, einem Leben ohne Geld und Banken, ohne Politik, ohne Gesetze, einem Leben, das von ungeschriebenen und unformulierbaren Ordnungen regiert wird, so wie die Muster und Farbenspiele der Matte regiert sind von einem heimlichen Sinn, der doch anscheinend von jedem Zweck frei ist.

Auch der Politiker, auch der eifrige, pflichtbewußte, durch und durch vernünftige Mann, der für seine Partei und die Verwirklichung ihres Programmes lebt und sich bereit hält dafür, sobald es ernst wird, zu sterben oder andere zu töten — auch er erlebt es, daß er zuweilen von den Parteisitzungen, der Redaktion, dem Reichstag genug hat und schwer ermüdet ist, und obwohl er nur die Vernunft liebt und Schwärmereien durchaus abgeneigt ist, spürt er ein Verlangen nach Dingen, welche weder den Idealstaat der Zukunft herbeizuführen noch sonst der Vernunft und der Menschheit zu dienen vermögen. Er greift, je nach dem Stand seines Wissens und Geschmacks, zwar vielleicht nicht nach einem Dichter oder nach einer Haydn-Sonate, aber immerhin summt er einen Foxtrott vor sich hin und dreht sein Grammophon an, und hört einer mehr oder weniger primitiven Musik zu, welche als Musik gut oder schlecht sein mag, welche aber auf jeden Fall mit Vernunft und Pflicht und Politik nichts zu tun hat, und welche kraft ihrer Zwecklosigkeit und Verspieltheit das Zauberhafte vermag: den vernünftigen, willensstarken, arbeitssamen Mann, der trotz seines Lebens für die edelsten Ziele so müde und lustlos geworden ist, wieder zu erfreuen und vor dem Trübsinn zu bewahren.

Sie mögen nun diese nicht auf Zwecke gerichteten, nicht vernünftigen Mächte nennen wie Sie wollen, Sie mögen sie als die Kunst, oder als das Irrationale, oder einfach als Zerstreuung bezeichnen, und Sie mögen ruhig in diese unvernünftige Welt auch die Berauschung durch Tanz, durch Alkohol, durch Opium etc. einbeziehen — Sie mögen auch von dieser Welt des Schönen, oder des Spielerischen und Kindischen, oder des Rausches und der Unvernunft nach Belieben schlecht und verächtlich reden — Sie mögen, verdorben durch ein bißchen Bildung, zwischen der Hingabe an eine Musik von Beethoven und einem Alkoholrausch feine Unterschiede machen oder nicht, auf jeden Fall können Sie schwerlich leugnen, daß neben dem Bedürfnis des Menschen nach Vernünftigkeit und Sinngebung seines Tuns ein vollkommen entgegengesetztes Bedürfnis vorhanden ist, ein Bdürfnis nach dem Gegenteil, nach Unsinn, nach Zwecklosem, nach Hingabe an blinde Triebe. Auch wenn Sie es fertig bringen, dieses beschämende Bedürfnis in sich nahezu vollkommen zu erwürgen, auch wenn Sie sich mit Anspannung aller Energie und Aufbietung aller Ihrer Ideale dieses Verlangen nach dem Sturz ins Irrationale beständig verbieten und fernhalten, so brauchen Sie doch nur am Abend einzuschlafen, und Ihre Seele, lieber Freund, geht mit Inbrunst alle diese verbotenen Wege, baut sich bunte phantastische Räume, beschwört Verstorbene, fliegt mit Vogel- oder Engelsflügeln und tobt sich in Spielen aus, in welchen nichts mehr an die Programme und Sinngebungen Ihres

Tageslebens erinnert. Und selbst wenn Sie schon krank und verkrampft genug sind, um jahrelang alle Ihre Träume sofort wieder zu vergessen, so wissen Sie doch (angeblich durch die Lektüre Freuds, in Wirklichkeit durch ein Unbehagen im eigenen Innern) recht wohl um die Existenz dieser totgeschwiegenen Welt in Ihrer Seele.

Wir Künstler nun stehen ganz ausschließlich im Dienst dieses zweiten, unheimlichen, widervernünftigen Bedürfnisses der Menschheit, und wir schämen uns, soweit wir überhaupt unsrer Rolle bewußt werden, dessen keineswegs. Wir halten weder das Geldverdienen der Kapitalisten noch das Zertrümmern des Kapitalismus durch die Marxisten, weder das Bauen von Maschinen noch das Brechen eines Schnelligkeitsrekords für edlere, echtere, der Hingabe wertere Tätigkeiten als die unsere, sondern wir halten alle Eure Ziele, alle Eure vernünftigen, nützlichen, guten, edlen Bestrebungen überhaupt für kein Leben, sondern für einen schalen Lebens-Ersatz, und wir glauben, daß jeder Affe auf dem Palmbaum, jede weiß und gelbe Blume im Gras, jeder Vogel im Baum und jedes kleine Kind, das Ornamente auf den Tisch malt, edler, voller, schöner und würdiger lebt als Ihr alle.

Von uns aus gesehen, ist kein Unterschied zwischen dem Geldverdiener und dem Revolutionär, wir werden von beiden für verrückt gehalten und erwidern diese Geringschätzung von Herzen. Um einen von uns (ich meine einen echten Künstler, einen der wirklich aus unsrem Blut ist) zu Eurem Glaubensbruder und Mitkämpfer zu machen, müßtet Ihr ganz andre Ziele haben, etwa die Aufhebung aller Gesetze, das Vernichten aller Maschinen, die Einführung einer Muttergottesverehrung in Höhlentempeln – und auch das würde uns kaum von unsrem Handwerk wegzulocken vermögen. Denn wir sind nicht nur Anhänger des Schönen und Liebhaber des Spieles, sondern wir sind auch Diener und Handwerker, wir haben von vielen Generationen her Formeln und Gesetze unsrer Übungen vererbt bekommen, und ohne unsern Dienst im Namen der Urmutter ganz verstehen und erklären zu können, ohne auch den Sinn der überkommenen Regeln eigentlich begreifen zu können, tun wir doch diesen Dienst willig, zäh und hingegeben, wir arbeiten an unsern Formen und an dem, was wir »das Schöne« nennen, mit der selben Besessenheit, Unvernunft und gehorsamen Unterordnung, mit der die Biene am Bau der Wabe arbeitet. Wir werden nicht wie Ihr von Gesetzen regiert, die wir mit dem Verstand begreifen und erklären, und die wir unter Umständen auch mit eben dem selben Verstand kritisieren und bezweifeln können, sondern wir arbeiten unter viel stärkerem Druck, unser Dienst ist viel unerbittlicher, wie er auch lebenslänglich ist und keine Pensionierung kennt.

Für die Gottheit, der wir dienen und opfern, hat wohl jeder von uns einen andern Namen, wir sind nur darin einig, daß es auf den Namen und auf unsre Erklärungen und Meinungen gar nicht ankommt, sondern daß es ein Menschenleben gibt, das entweder einmal vorhanden war und gelebt wurde und dann verloren ging, oder das vielleicht erst erreicht und gefunden werden muß, ein Menschenleben, das ganz und gar anders ist als das von Euch gelebte und von Euch erstrebte, ein Leben der Hingabe, der kindlichen Umschlossenheit von Mutterwärme, des Spiels und der Unschuld, ein Leben, das vom Oberflächenleben des heutigen Tages ebenso verschieden sein muß, wie es das Leben in Bachofens Mutterreichen von unsrem ist. Wir fühlen mit einer Stärke und Deutlichkeit, die viel stärker als das vernünftige Erkennen ist, daß das Schöne nichts andres ist als die Hülle um das echte Leben selbst, daß die Schönheit der primitiven Bastmatte sowohl wie die Schönheit Bachs, Mozarts oder Tizians darauf beruht, daß allen Werken die Idee eines wahrhaften, freudigen, kindlichen Lebens zu Grunde liegt.

Manchmal sehe ich die Zusammenhänge so, als wäre aus paradiesischen, aus vorgeschichtlichen naturnahen Jugendzeiten der Menschheit eine Erinnerung übrig geblieben, so wie in einem entarteten oder von anderen Völkern bezwungenen Volke in Sprache und Bräuchen noch lang Überreste eines schönen, glücklichen, verlorengegangenen Lebens übrig bleiben, Reste, die man nicht mehr versteht und doch liebt, an denen die Gelehrten sich abquälen und die Künstler sich entzücken, und als wäre es der Sinn der Kunst und des Künstlers, diese Erinnerungen bewahren zu helfen und vielleicht aus ihnen irgend einmal den Weg zu einer neuen, einer wieder paradiesischen und schönen Lebensstufe finden zu können. Andremale ist es mein Glaube, daß es die glückseligen Paradiese niemals gegeben hat und niemals geben wird, und daß wir weder die Erinnerung an sie pflegen noch ihre Wiederkunft anstreben sollen, sondern daß das wahre Leben, das Paradies, das Mutterreich des Schönen einzig in uns selbst lebt, in unsrer Sehnsucht, in unsrem Traum.

Für mein Tun und Leben aber, für die Arbeit meines Tages und die Träume meiner Nächte spielt das Hin und Her meiner Gedanken und Meinungen keine Rolle. Mag ich darüber denken wie es mir gerade einfällt, eines ist stets gegeben und steht über allen Meinungen und Diskussionen: meine Zugehörigkeit zum unbekannten Reich, mein Glaube an die Urmutter, meine Verpflichtung an das Schöne, auch wo ich nicht mehr sehen kann, wie es in unsrem heutigen Leben Verwendung finden könne. Ich müßte, auch wenn ich mit meinem Verstand an nichts andres glaubte als eine zunehmende und bald vollkommen werdende Mechanisierung des Menschen und seines Lebens – ich müßte dennoch meine Spiele spielen, meine Töne abstimmen, meine Pinsel waschen, meine Farben mischen, meine Worte wählen und beklopfen, meine Sätze weben und flechten, meine Finger und meine Sprache üben. Und wenn man mich morgen einsperrte, weil die Welt sich entschlossen hätte endlich mit den Künstlern vollends aufzuräumen, so würde ich im Gefängnis, auf Urteil und Tod wartend, keinen anderen Trost wissen und suchen als die Hingabe an die magischen Forderungen meines Handwerks, ich würde Töne abstimmen, Worte wägen, Farben neben einander legen, Sätze aufbauen, so wie die Biene bis zum Augenblick ihres Todes eben das tut, was der Geist ihres Volkes, was die Zauber ihres Totems von ihr verlangen.

Sie begreifen, daß ich schwer für andere Arbeit werde zu brauchen sein. Wenn man mich zu ihr zwingt (wie ich etwa während des Krieges dazu gezwungen wurde, als Beamtenstellvertreter ein Büro zu leiten), so werde ich diese Arbeit ungern und mit bescheidenem Erfolge tun, ich werde so arbeiten wie 99 Prozent aller heutigen Menschen arbeiten: mit Ach und Krach, gutgewillt vielleicht, aber auch eigentlich lustlos, und sobald man mir dabei etwas Freiheit läßt, werde ich in meine Arbeit die Rhythmen und Formeln des Künstlers und des Frommen einführen, werde meine Arbeit weniger arbeiten als zelebrieren, werde ihr magische Bedeutung geben und sie wieder dem geheimen Reiche einzugliedern suchen, dem man mich entreißen wollte.

Das hindert nicht, daß auch ich eine Vernunft habe und sie da anzuwenden suche, wo sie mir am Platze zu sein scheint, zum Beispiel, wenn ich über Politik und über die Möglichkeit nachdenke, die Gesellschaftsordnung der heutigen Menschen zu ändern, so tue ich das ganz vernünftig, und wie Sie schon wissen, komme ich dabei zu Ergebnissen, die Ihnen zustimmen. Aber ich denke über Politik und Gesetze eben wirklich nur mit dem Verstande, meine Leidenschaft ist nicht dabei, und ich möchte mich für politische Ziele weder totschlagen lassen noch andere totschlagen. In dem Reich, dem ich angehöre, wird beides auch von niemand verlangt, es wird da weder getötet noch Heldentod gefordert. Gefordert wird aber ein Grad von Leidenschaft und Hingabe an das Gemeinsame, an den mystischen Tempelbau, die nicht kleiner sind als jede erdenkliche Inbrunst eines politischen Kämpfers.

(*1931*)

Absage*

Lieber von den Faschisten erschlagen werden
Als selber Faschist sein!
Lieber von den Kommunisten erschlagen werden
Als selbst Kommunist sein!

Wir haben den Krieg nicht vergessen. Wir wissen,
Wie das berauscht, wenn man Trommel und Pauke rührt.
Wir sind taub, wir werden nicht mitgerissen,
Wenn ihr das Volk mit dem alten Rauschgift verführt.
Wir sind weder Soldaten noch Weltverbesserer mehr,
Wir glauben nicht, daß »an unserem Wesen
Die Welt müsse genesen«.
Wir sind arm, wir haben Schiffbruch gelitten,
Wir glauben alle die hübschen Phrasen nicht mehr,
Mit denen man uns in den Krieg gepeitscht und geritten –
Auch die Euren, rote Brüder, sind Zauber und führen zu
Krieg und Gas!
Auch Eure Führer sind Generäle,
Kommandieren, schreien und organisieren.
Wir aber, wir hassen das,
Wir trinken den Fusel nicht mehr,
Wir wollen Herz und Vernunft nicht verlieren,
Nicht unter roten noch weißen Fahnen marschieren.
Lieber wollen wir einsam als »Träumer« verderben
Oder unter Euren blutigen Bruderhänden sterben,
Als irgend ein Partei- und Machtglück genießen
Und im Namen der Menschheit auf unsre Brüder schießen!

(1933)

---

* Als Antwort auf einige Anfragen, warum ich mich nicht auf die Seite der
Kommunisten stelle

Besinnung.

(aufgezeichnet im Nov. 33 in Baden
als ein Versuch,die paar Fundamente meines Glaubens zu formulieren,deren ich sicher bin)

Göttlich ist und ewig der Geist,
Ihm entgegen,dessen wir Bild und Werkzeug sind,
  Führt unser Weg;unsre innerste Sehnsucht ist:
Werden wie Er,leuchten in Seinem Licht.
                          o
Aber irden und sterblich sind wir geschaffen,
Träge lastet auf uns Kreaturen die Schwere.
Hold zwar und mütterlich warm umhegt uns Natur,
Säugt uns Erde,bettet uns Wiege und Grab.
Doch befriedet Natur uns nicht,
Ihren Liebeszauber durchbricht
Des unsterblichen Geistes mahnender Funke
Väterlich,macht zum Manne das Kind,
Löscht die Unschuld und weckt uns zu Kampf
                          und Gewissen.
                          o
So zwischen Mutter und Vater,
  So zwischen Leib und Geist
Zögert der Schöpfung gebrechlichstes Kind,
Zitternde Seele Mensch,des Leidens fähig
Wie kein andres Wesen,und fähig des Höchsten:
  Gläubiger,hoffender Liebe.
                          o
Schwer ist sein Weg,Sünde und Tod seine Speise,
Oft verirrt er ins Finstre,oft wär ihm
Besser,nicht geschaffen zu sein.
Ewig aber strahlt über ihm seine Sehnsucht,
Seine Bestimmung:der Geist,das Licht.
Und wir fühlen:ihn,den gefährdeten,
Liebt der Ewige mit besonderer Liebe.
Darum ist uns irrenden Brüdern
Liebe möglich noch in der Entzweiung,
Und nicht Richten und Hass,
Sondern geduldige Liebe,
Liebendes Dulden führt   Gruss
Uns dem heiligen Ziele näher.   von

                  o   H. Hesse

Ein Brief nach Deutschland

Offener Brief an Luise Rinser im April 1946

Merkwürdig ist das mit den Briefen aus Ihrem Lande! Viele Monate lang bedeutete für mich ein Brief aus Deutschland ein überaus seltenes und beinahe immer ein freudiges Ereignis. Es brachte die Nachricht, daß irgendein Freund noch lebe, von dem ich lange nichts mehr erfahren und um den ich vielleicht gebangt hatte. Und er bedeutete eine kleine, freilich nur zufällige und unzuverlässige Verbindung mit dem Lande, das meine Sprache sprach, dem ich mein Lebenswerk anvertraut hatte, das bis vor einigen Jahren mir auch mein Brot und die moralische Rechtfertigung für meine Arbeit gegeben hatte. Ein solcher Brief kam immer überraschend, immer auf wunderlichen Umwegen, er enthielt kein Geschwätz, nur Wichtiges, war oft in großer Hast während der Minuten geschrieben, in denen ein Rotkreuzwagen oder ein Rückwanderer darauf wartete, oder er kam, in Hamburg, Halle oder Nürnberg geschrieben, nach Monaten auf dem Umweg über Frankreich oder Amerika, wohin ein freundlicher Soldat ihn bei seinem Heimaturlaub mitgenommen hatte.

Dann wurden die Briefe häufiger und länger, und hinzu kamen sehr viele aus den Kriegsgefangenenlagern aller Länder, traurige Papierfetzchen aus den Stacheldrahtlagern in Ägypten und Syrien, aus Frankreich, Italien, England, Amerika, und unter diesen Briefen waren schon viele, die mir keine Freude machten und die zu beantworten mir bald die Lust verging. In den meisten dieser Gefangenenbriefe wurde sehr geklagt, es wurde auch bitter geschimpft, es wurde

Unmögliches an Hilfe verlangt, es wurde höhnisch an Gott und Welt Kritik geübt und zuweilen geradezu mit dem nächsten Krieg gedroht. Es gab edle Ausnahmen, doch waren sie selten. Im übrigen sprachen sie nur von dem, was sie erleiden mußten, und klagten bitter über die Ungerechtigkeit der langen Gefangenschaft. Vom anderen, von dem, was sie als deutsche Soldaten jahrelang der Welt angetan hatten, war nie mit einem Wort die Rede. Mir fiel dabei immer ein Satz aus einem deutschen Kriegstagebuch aus der Zeit des Einmarsches in Rußland ein. Der Autor, im übrigen harmlos und leidlich frei von Nazimentalität, bekannte darin, daß der Gedanke ans Sterbenmüssen freilich jeden Soldaten nicht wenig beschäftigte, während das andere, das Tötenmüssen, lediglich eine »taktische« Frage sei. Alle diese Briefeschreiber gaben Hitler preis, keiner war mitschuldig.

Ein Gefangener in Frankreich, kein Kind mehr, sondern ein Industrieller und Familienvater, mit Doktortitel und guter Bildung, stellte mir die Frage: was denn nach meiner Meinung ein gutgesinnter, anständiger Deutscher in den Hitlerjahren hätte tun sollen? Nichts habe er verhindern, nichts gegen Hitler tun können, denn das wäre Wahnsinn gewesen, es hätte ihn Brot und Freiheit gekostet, und am Ende noch das Leben. Ich konnte nur antworten: Die Verwüstung von Polen und Rußland, das Belagern und dann das irrsinnige Halten von Stalingrad bis zum bittern Ende sei vermutlich auch nicht ganz ungefährlich gewesen, und doch hätten die deutschen Soldaten es mit Hingabe getan. Und warum sie denn Hitler erst von 1933 an entdeckt hätten? Hätten sie ihn nicht zum mindestens seit dem Münchener Putsch kennen müssen? Warum sie denn die einzige erfreuliche Frucht des ersten Weltkrieges, die deutsche Republik, statt sie zu stützen und zu pflegen, fast einmütig sabotiert, einmütig für Hindenburg und später für Hitler gestimmt hätten, unter dem es dann allerdings lebensgefährlich geworden sei, ein anständiger Mensch zu sein? Ich erinnerte solche Briefschreiber auch gelegentlich daran, daß das deutsche Elend ja nicht erst mit Hitler begonnen habe, und daß schon im Sommer 1914 der trunkene Jubel des Volkes über Österreichs gemeines Ultimatum an Serbien eigentlich manchen hätte aufwecken können. Ich erzählte, was Romain Rolland, Stefan Zweig, Frans Masereel, Annette Kolb und ich in jenen Jahren durchzukämpfen und zu erleiden hatten. Aber darauf ging keiner ein, sie wollten überhaupt keine Antwort hören, keiner wollte wirklich disputieren, wirklich an irgendein Lernen und Denken gehen.

Oder es schrieb mir ein ehrwürdiger greiser Geistlicher aus Deutschland, ein frommer Mann, der unter Hitler sich tapfer gehalten und vieles erduldet hatte: erst jetzt habe er meine vor fünfundzwanzig Jahren geschriebenen Betrachtungen aus dem ersten Weltkrieg gelesen, und müsse ihnen als Deutscher und als Christ Wort für Wort beistimmen. Aber ehrlicherweise müsse er auch sagen: wären diese Schriften ihm damals, als sie neu und aktuell waren, unter die Augen gekommen, so hätte er sie entrüstet weggelegt, denn er sei damals, wie jeder anständige Deutsche, ein strammer Patriot und Nationalist gewesen.

Häufiger und häufiger wurden die Briefe, und jetzt, seit sie wieder mit der gewöhnlichen Post kommen, läuft mir Tag um Tag eine kleine Sintflut ins Haus, viel mehr als gut ist und als ich lesen kann. Doch sind es zwar Hunderte von Absendern, aber im Grunde doch nur fünf oder sechs Arten von Briefen. Mit Ausnahme nämlich der wenigen ganz echten, ganz persönlichen und unwiederholbaren Dokumente dieser großen Notzeit — und zu diesen wenigen gehört als einer der besten Ihr lieber Brief — sind diese vielen Schreiben Ausdruck bestimmter, sich wiederholender, oft allzu leicht erkennbarer Haltungen und Bedürfnisse. Sehr viele von ihren Verfassern wollen bewußt oder unbewußt ihre Unschuld am deutschen Elend beteuern, und nicht wenige haben ohne Zweifel gute Ursache zu diesen Anstrengungen.

Da sind nun zum Beispiel alle jene alten Bekannten, die mir früher jahrelang geschrieben, damit aber in dem Augenblick aufgehört hatten, wo sie merkten, daß man sich durch Briefwechsel mit mir, einem Wohlüberwachten, recht Unangehmes zuziehen könne. Jetzt teilen sie mir mit, daß sie noch leben, daß sie stets warm an mich gedacht und mich um mein Glück, im Paradies der Schweiz zu leben, beneidet hätten, und daß sie, wie ich mir ja denken könne, niemals mit diesen verfluchten Nazis sympathisiert hätten. Es sind aber viele dieser Bekenner jahrelang Mitglieder der Partei gewesen. Jetzt erzählen sie ausführlich, daß sie in all diesen Jahren stets mit einem Fuß im Konzentrationslager gewesen seien, und ich muß ihnen antworten, daß ich nur jene Hitlergegner ganz ernst nehmen könne, die mit *beiden* Füßen in jenen Lagern waren, nicht mit dem einen im Lager, mit dem andern in der Partei. Auch erinnerte ich sie daran, daß wir hier im »Paradies« der Schweiz während der Kriegsjahre jeden Tag mit dem freundnachbarlichen Besuch der braunen Teufel haben rechnen müssen, und daß in unserem Paradiese auf uns Leute von der schwarzen Liste schon die Gefängnisse und Galgen warteten. Immerhin gebe ich zu, daß je und je die Neuordner Europas uns schwarzen Schafen auch lockende Köder hingehalten haben. So wurde ich noch ziemlich spät zu meinem Erstaunen durch einen Miteidgenossen und Kollegen mit bekanntem Namen eingeladen, auf »seine« Kosten nach Zürich zu kommen, um mit ihm meine Aufnahme in den vom Ministerium Rosenberg gegründeten Bund der europäischen Kollaborationisten zu besprechen.

Dann gibt es treuherzige alte Wandervögel, die schreiben mir, sie seien damals, so etwa um 1934, nach schwerem innerem Ringen in die Partei eingetreten, einzig um dort ein heilsames Gegengewicht gegen die allzu wilden und brutalen Elemente zu bilden und so weiter.

Andre wieder haben mehr private Komplexe und finden, während sie im tiefen Elend leben und von wahrlich wichtigeren Sorgen umgeben sind, Papier und Tinte und Zeit und Temperament im Überfluß, um mir in langen Briefen ihre tiefe Verachtung für Thomas Mann auszusprechen und ihr Bedauern oder ihre Entrüstung darüber, daß ich mit einem solchen Manne befreundet sei.

Und wieder eine Gruppe bilden jene, die offen und eindeutig all die Jahre mit an Hitlers Triumphwagen gezogen haben, einige Kollegen und Freunde aus früheren Zeiten her. Sie schreiben mir jetzt rührend freundliche Briefe, erzählen mir eingehend von ihrem Alltag, ihren Bombenschäden und häuslichen Sorgen, ihren Kindern und Enkeln, als wäre nichts gewesen, als wäre nichts zwischen uns, als hätten sie nicht mitgeholfen, die Angehörigen und Freunde meiner Frau, die Jüdin ist, umzubringen, und mein Lebenswerk zu diskreditieren und schließlich zu vernichten. Nicht einer von ihnen schreibt, er bereue, er sehe die Dinge jetzt anders, er sei verblendet gewesen. Und auch nicht einer schreibt, er sei Nazi gewesen und werde es bleiben, er bereue nichts, er stehe zu seiner Sache. Wo wäre je ein Nazi zu seiner Sache gestanden, wenn diese Sache schiefging?! Ach, es ist zum Übelwerden.

Eine kleinere Zahl von Briefschreibern erwartet von mir, ich solle mich heute zu Deutschland bekennen, solle hinüberkommen, solle an der Umerziehung mitarbeiten. Weit größer aber ist die Zahl derer, die mich auffordern, draußen in der Welt meine Stimme zu erheben und als Neutraler und als Vertreter der Menschlichkeit gegen Übergriffe oder Nachlässigkeiten der Besetzungsarmeen zu protestieren. So weltfremd, so ohne Ahnung von der Welt und Gegenwart, so rührend und beschämend kindlich ist das!

Wahrscheinlich kommt Ihnen all dieser teils kindliche, teils bösartige Unsinn gar nicht erstaunlich vor, wahrscheinlich kennen Sie all das besser als ich. Sie deuten ja an, daß Sie mir einen langen Brief über die geistige Situation in Ihrem armen Lande geschrieben haben, ihn aber aus Zensurgründen zurückbehielten. Nun, ich wollte Ihnen nur einen Begriff davon geben, womit jetzt die größte Hälfte meiner Tage und Stunden ausgefüllt ist, und wollte damit auch erklären, warum ich diesen Brief an Sie drucken lasse. Ich kann nämlich die Haufen von Briefen, von denen die meisten ohnehin Unmögliches verlangen und erwarten, natürlich nicht beantworten, und doch sind unter jenen Briefen solche, denen mich ganz zu entziehen mir nicht erlaubt schiene. Ihren Verfassern werde ich nun diesen gedruckten Brief schicken, schon weil sie alle so wohlmeinend und besorgt nach meinem Ergehen fragen.

Ihr lieber Brief nun ist in keiner Kategorie unterzubringen, er enthält nicht ein einziges schabloniertes Wort, und enthält — wunderbar im heutigen Deutschland! — nicht ein Wort der Klage oder Anklage. Er hat mir außerordentlich wohlgetan, Ihr guter, kluger und tapferer Brief, und was er über Ihr eigenes Schicksal enthält, hat mich tief bewegt. So sind also auch Sie, wie unser treuer Freund*, lange Zeit bewacht, bespitzelt, in die Kerker der Gestapo gesteckt, und sogar zum Tode verurteilt worden! Ich bin beim Lesen tief erschrocken, um so mehr als auch meine Briefe, trotz aller Vorsicht, Sie mitbelastet haben, aber eigentlich überrascht haben Ihre Nachrichten mich nicht. Denn ich hatte mir Sie niemals mit dem einen Fuß im Gefängnis oder Lager, mit dem andern aber in der Partei vorgestellt, sondern habe nie daran gezweifelt, daß Sie tapfer und wach, wie es Ihren hellen Augen und Ihrer Klugheit zukommt, auf der richtigen Seite standen. Und da waren Sie freilich in schwerster Gefahr.

Sie sehen, ich kann mit der Mehrzahl meiner deutschen Korrespondenten wenig anfangen. Es ist manches ähnlich wie einst am Ende des ersten Weltkrieges, und ich bin freilich heute auch älter und mißtrauischer als ich damals war. So wie heute alle meine deutschen Freunde in der Verurteilung Hitlers einig sind, so waren sie es damals, bei der Gründung der deutschen Republik, in der Verurteilung von Militarismus, Krieg und Gewalt. Man fraternisierte allgemein, etwas spät aber herzlich, mit uns Kriegsgegnern. Gandhi und Rolland wurden beinahe wie Heilige verehrt. »Nie wieder Krieg!« hieß das Schlagwort. Aber einige Jahre später konnte Hitler schon seinen Münchner Putsch wagen. So nehme ich denn die heutige Einmütigkeit im Verdammen Hitlers nicht allzu ernst, und sehe in ihr nicht die mindeste Gewähr für eine politische Sinnesänderung oder auch nur für eine politische Erkenntnis und Erfahrung. Ernst, sehr ernst nehme ich die Sinnesänderung, die Läuterung und

---

* Peter Suhrkamp, der Luise Rinser für den S. Fischer Verlag entdeckt und ihr erstes Buch »Die gläsernen Ringe« 1941 publiziert hatte.

Reife jener einzelnen, denen in der ungeheuren Not, in dem glühenden Martyrium dieser Jahre sich der Weg nach Innen, zur Selbstkritik, der Weg ins Herz der Welt, der Blick in die zeitlose Wirklichkeit des Lebens geöffnet hat. Diese Erwachten haben das große Geheimnis ganz ähnlich gespürt und erlebt und erlitten, wie ich es einst in den bitteren Jahren nach 1914 erlebt habe, nur geschah es unter viel größerem Druck, unter härteren Leiden, und ohne Zweifel sind unzählige auf dem Weg zu diesem Erlebnis und Erwachen zusammengebrochen und erlegen, ehe sie die Reife erreichen konnten.

Hinter dem Stacheldraht eines Gefangenenlagers in Afrika schreibt mir ein deutscher Hauptmann von Erinnerungen an Dostojewskis »Totenhaus« und an Siddharta, von seinem Streben, inmitten eines erbarmungslosen Lebens, das kein Alleinsein auch nur für Minuten erlaubt, den Pfad der Versenkung zu gehen und ins Innen zu gelangen, »ohne daß der Wille zum Ausscheiden aus allen Vordergründen endgültig würde«. Oder eine ehemalige Gefangene der Gestapo schreibt: »Ich habe durch das Gefängnis viel gelernt, und bürgerliche Kümmernisse bedrücken mich nicht mehr.« Das sind positive Erfahrungen, sind Zeugnisse wirklichen Lebens, und ich könnte solcher Worte noch viele anführen, wenn ich die Zeit und Augenkraft hätte, all diese Briefe nochmals durchzulesen.

Ihre Frage nach meinem Ergehen ist rasch beantwortet. Ich bin alt und müde geworden, und die Zerstörung meines Werkes, begonnen durch Hitlers Ministerien und restlos vollendet durch die amerikanischen Bomben, hat meinen letzten Jahren den Grundton von Enttäuschung und Kummer gegeben. Daß über diesem Grundton dennoch manche kleine Melodie noch möglich ist, und ich zu manchen Stunden auch jetzt noch im Zeitlosen zu leben vermag, ist mein Trost. Damit etwas von meinem Werk übrigbleibt, mache ich von Zeit zu Zeit von irgendeinem seit vielen Jahren fehlenden Buch einen Schweizer Neudruck; es ist nicht viel mehr als eine Geste, denn diese Drucke existieren natürlich nur für die Schweiz.

Alter und Verkalkung machen Fortschritte, manchmal will das Blut nicht mehr so richtig durchs Gehirn laufen. Aber diese Übel haben schließlich auch ihre gute Seite: man nimmt nicht alles mehr so deutlich und heftig auf, man hört an vielem vorbei, man spürt manchen Hieb oder Nadelstich überhaupt nicht mehr, und ein Teil des Wesens, das einst Ich hieß, ist schon dort, wo bald das Ganze sein wird.

Zu den guten Dingen, für deren Aufnahme und Genuß ich noch Organe habe, die mir Freude machen und das Dunkle übertönen können, gehören die seltenen, aber eben doch vorhandenen Zeichen für das Weiterleben eines echten geistigen Deutschland, die ich nicht in der Betriebsamkeit der jetzigen Kulturmacher und Konjunkturdemokraten Ihres Landes suche und finde, sondern in solchen beglückenden Äußerungen der Entschlossenheit, Wachheit und Tapferkeit, der illusionslosen Zuversicht und Bereitschaft, wie Ihr Brief eine ist. Dafür sage ich Ihnen meinen Dank. Hütet den Keim, bleibt dem Licht und Geiste treu. Ihr seid sehr wenige, aber vielleicht das Salz der Erde.

(1946)

Antwort auf Briefe aus Deutschland

Oktober 1950

Danke für Ihren Brief, der mir so manches Interessante und Liebe bringt und der mich dennoch mehr erschreckt und befremdet als erfreut hat, denn er ist so voll von Symptomen der großen aktuellen Weltkrankheit, so erfüllt und gepreßt von einer verzweifelten Kriegsangst und Bolschewiken-Panik, daß man darauf nur antworten kann: »Ja, wenn Ihr im deutschen Westen wirklich so mutlos und verzweifelt schon den ersten Attacken einer Massenpsychose und eines Nervenkriegs erliegt, dann freilich werden wir sehr bald den von Euch an die Wand gemalten und so widerstandslos und kindisch erwarteten Krieg haben.«

Wenn der Brief, den Sie mir geschrieben haben, nicht von Ihnen käme, einem Mann, den ich als klug und belesen kenne und der mich bisher oft der Übereinstimmung seiner Gesinnung und Anschauungen mit den meinigen versichert hat, oder wenn er nur die einmalige Äußerung eines einzelnen wäre, in einer verzagten Stunde hingeschrieben, so würde ich nicht auf ihn antworten. Aber die gleiche aufgepeitschte, hysterische Kriegsangst, die gleiche Anfälligkeit für Gerüchte, die gleiche blinde Hinnahme von satanischen Suggestionen und die gleiche törichte, ungeprüft weitergegebene Meinung, daß es nun selbstverständlich wieder das »arme Deutschland« sei, das den Schauplatz der kommenden Greuel abgeben müsse, steht auch in vielen anderen Briefen, Aufsätzen und andern Mitteilungen, die mir von drüben zugehen. Man hat Angst, man zittert vor Feigheit, man atmet das Gift der Aufpeitschung, der Gerüchte und Lügen mit einer selbstquälerischen Sensationslust ein, und schwatzt verantwortungslos und kritiklos nach, was die Angstmacher und Kriegshetzer einblasen. Genau wie Ihr einst, es ist noch nicht lange her, Euch von Hitlers Propaganda die Todesangst vor den Bolschewiken so lange habt einschwatzen lassen, bis das ganze Volk bereit war, wieder einen Krieg auf sich zu nehmen, so macht Ihr heute den Leuten, die am Zustandekommen eines neuen Krieges interessiert sind, die Freude, ihrer Reklame und Propaganda Glauben zu schenken und zuzustimmen.

Lieber Freund, ein Krieg kommt nicht aus dem blauen Himmel herab, er muß gleich jeder andern menschlichen Unternehmung vorbereitet werden, er bedarf der Pflege und Mitwirkung vieler, um möglich und wirklich zu werden. Gewünscht aber, vorbereitet und suggeriert wird er durch die Menschen und Mächte, denen er Vorteil bringt. Er bringt ihnen entweder direkten baren Geldgewinn wie der Rüstungsindustrie (und sobald Krieg ist — wie unzählige vorher harmlose Gewerbe werden da zu Rüstungsgeschäften, und wie automatisch strömt das Kapital diesen Geschäften zu!) oder er bringt ihnen Gewinn an Geltung, Achtung und Macht wie etwa den stellenlosen Generälen und Obersten. So sind zum Beispiel an der Wideraufrüstung von Deutschland, Japan und anderen zur Zeit militärlosen Ländern viele Tausende und Zehntausende interessiert, Leute mit harten Rechnerseelen oder ehrgeizigen Kriegerseelen, und zu den Mitteln, mit denen diese Leute den von ihnen gewünschten Krieg vorzubereiten bemüht sind, gehört die Verbreitung der Unsicherheit und Angst — und Ihr, Freunde, die Ihr dieser Ansteckung erliegt, helft dadurch mit, den Krieg zu ermöglichen und herbeizurufen. Daß man Euch nach dem, was Ihr seit 1914 bis heute erlebt habt, noch darüber aufklären muß, ist traurig und beschämend und bestätigt jenen fatalen, angeblich Hegelschen Spruch: das einzige, was man aus der Weltgeschichte lernen könne, sei, daß noch nie aus der Weltgeschichte etwas gelernt worden sei.

Ich bin der letzte, der von Euch erwartet, daß Ihr die Augen vor der Wirklichkeit schließen und Euch hübschen Träumen hingeben sollt. Die Welt ist voll von Gefahren und Kriegsmöglichkeiten, und die »Bolschewiken« sind keineswegs die einzigen Bedroher, sie stehen unter demselben Zwang und sie sind vermutlich in der Mehrzahl ebensowenig für das Schießen und Erschossenwerden begeistert wie wir. Bedroher unsrer Welt und jedes Frieden sind jene, die den Krieg wünschen, die ihn vorbereiten und uns durch vage Versprechungen eines kommenden Friedens oder durch Angst vor Überfällen von außen zu Mitarbeitern an ihren Plänen zu machen versuchen.

Diesen Leuten und Gruppen, für die der Krieg ein Geschäft ist, und zwar ein besseres als der Friede, diesen Vergiftern und Beschwörern tun Sie, lieber Freund, den Gefallen, ihren Suggestionen widerstandslos zu erliegen. Sie übernehmen damit eine Mitverantwortung am etwaigen Kriege. Statt in Ihrer Seele alle Helligkeit und Wachsamkeit, alle Tapferkeit und Heiterkeit zu sammeln und zu stärken, wie es nötig und Ihre Aufgabe wäre, lassen Sie den Kopf hängen, tragen das Gift der Blindheit und Angst weiter und liefern sich und Ihre Umgebung dem unsinnigen Grauen aus. Ich weiß nicht, ob Sie ahnen können, welcher Schmerz und welche Enttäuschung es für mich sein mußte, gerade von einem alten, treuen Leser, Schüler und Gefolgsmann wie Sie so im Stich gelassen und von der Fruchtlosigkeit all meiner Bemühungen überzeugt zu werden. Auch hierüber einen Augenblick nachzudenken, würde vielleicht gut sein, es würde vielleicht helfen, ein wenig Licht in Ihre Verfinsterung zu bringen. Sollten Sie einmal über die Wiederaufrüstung Ihres Landes abzustimmen haben, so rate ich Ihnen weder zum Ja noch zum Nein, sondern hoffe, daß Sie Ihre Stimme nach klarer und gewissenhafter Überlegung, nicht aber unter dem Druck dieser Hysterie abgeben werden. So sehr ich Vernunft und Verzicht auf Gewalt für den einzigen Weg in eine bessere Zukunft halte, gebe ich doch zu, daß von Land zu Land und von Fall zu Fall Anpassungen an das Bestehende und Aktuelle unvermeidlich sind. So habe ich hier bei uns in der Schweiz die Einrichtung einer Armee, die nur auf Angriff hin unser Land verteidigt und die sich in zwei Kriegen bewährt hat, niemals aus pazifistischem Puritanismus angefochten. Es wird gewiß in jedem zur Zeit mächtigen Staat der Welt eine Kriegspartei geben, doch fehlt es auch in besiegten und entwaffneten Ländern nicht an Leuten, die lieber heut als morgen wieder Aufträge für Heer und Krieg annehmen würden, und auch nicht an solchen, die gern wieder statt als Herr Müller als Herr Oberst oder Herr Leutnant angeredet werden möchten. Und so ist es überall. Wir Freunde des Friedens und der Wahrheit, Sie und ich, dürfen nicht diesen Geschäftemachern und Strebern Gehör schenken und helfen, wir müssen stets zu unsrem Glauben stehen, daß es andre Wege zum Frieden und andre Mittel zur Ordnung und Entgiftung der Welt gibt als die Bomben und den Krieg.

(1950)

Ein Wort über den Antisemitismus

Der primitive Mensch haßt das, wovor er sich fürchtet, und in manchen Schichten seiner Seele ist auch der zivilisierte und gebildete Mensch ein Primitiver. So beruht auch der Haß von Völkern und Rassen nicht auf Überlegenheit und Stärke, sondern auf Unsicherheit und Schwäche. Der Haß gegen die Juden ist ein verkleidetes Minderwertigkeitsgefühl: dem sehr alten und sehr intelligenten Volk der Juden gegenüber empfinden die weniger klugen Schichten einer andern Rasse Konkurrenz und beschämende Unterlegenheit, und je lauter und heftiger dies üble Gefühl sich als Herrentum aufspielt, desto gewisser steckt Furcht und Schwäche dahinter. Ein wirklich Überlegener, ein wirklicher Herr wird den, dem er sich überlegen weiß, bemitleiden, vielleicht gelegentlich auch verachten, niemals aber hassen.

Wir alten Leute haben die Zeit noch erlebt, da man in Deutschland von den Judenverfolgungen in Rußland und andern Ländern nur mit Schauder und Entsetzen las und sprach. Ob man nun die Juden liebte und zu schätzen wußte oder nicht, man empfand diese Pogrome als barbarisch und menschenunwürdig. Doch reichte freilich die Verstandes- und Herzensbildung nur selten so weit, daß man den Antisemitismus auch im eigenen Volk und Staat erkannte und verurteilte, wo er sich vorläufig nicht in Schlächtereien, sondern nur in Rechtsbeschränkungen und in einem Vokabular von Spott- und Schimpfnamen für die andere Rasse äußerte.

Die scheinbar kleine Unterlassungssünde hat sich entsetzlich gerächt. Dasselbe deutsche Volk, das einst die Pogrome in andern Ländern mit Schaudern verdammte, hat ein paar

Jahrzehnte später alle diese Scheußlichkeiten so überboten, daß seither in vielen Ländern der Erde das deutsche Wesen für viel gefährlicher und schändlicher gilt als jemals das der Juden oder der Hunnen.

Gewiß, dies Urteil ist nicht das der Gescheitesten und Fortgeschrittensten, es ist ein Urteil des aus Furcht geborenen Hasses, wie es einst der Judenhaß der Hitlerleute war. Aber es existiert, dies Urteil, es ist eine Tatsache, und wohin solche Haßgefühle führen können, wenn sie nur etwas geheizt und organisiert werden, das haben ja die deutschen Konzentrations- und Vernichtungslager der Welt vor Augen geführt.

Zu den Aufgaben der deutschen Jugend gehört es nun, diesem Deutschtum durch eine vernünftige und würdige Haltung zu begegnen. Dazu gehört vor allem eine Einsicht in die Ursachen der Schande, die der Nationalsozialismus und vor allem dessen Judenvernichtungen über Deutschland gebracht haben, und eine immer wache Abkehr von den Charakter- und Denkfehlern jener Generation und ihrer Führer.

Wer heute in Deutschland noch oder wieder hitlerische und judenfeindliche Phrasen nachspricht und die Augen vor dem so unheimlich folgerichtigen Ablauf der deutschen Geschichte zwischen 1933 und 1945 verschließt, ist ein Feind seines Vaterlandes. Und wenn einem von Euch Jungen das, was jeder weiß, noch nicht genügt, und wenn ihm ein Verführer mit jenen Lügenmärchen über jüdische Übeltaten kommt, dann denket daran, daß das, was Deutsche den Juden angetan haben, leider kein Lügenmärchen ist. Das Buch vom Dritten Reich und den Juden spricht eine Sprache, vor der jede Phrase verstummt.

(1958)

Nachwort des Herausgebers

»Mir liegt alles Politische nicht, sonst wäre ich längst
Revolutionär!«
Hermann Hesses Denkschriften zur Zeitgeschichte

Zeitlebens hat sich Hermann Hesse als unpolitischen Schriftsteller ausgegeben. Doch seine zahllosen Stellungnahmen zur Politik und Zeitgeschichte, die erstmals 1977 in den beiden Sammelbänden »Politik des Gewissens« einigermaßen vollständig zusammengefaßt werden konnten, beweisen das Gegenteil. Sie zeigen, wie Robert Jungk es damals formulierte, »einen über die Tagespolitik hinausdenkenden Visionär künftiger Politik«, der interessiert ist an einer »radikalen Veränderung der politischen Strukturen und Lebensweisen seiner Zeit und sich dennoch weigert, ja weigern muß, revolutionären Programmen und Funktionären zu folgen.« Dem hätte Hesse wohl kaum widersprochen, auch wenn er im Vorwort zu einer knappen Auswahl dieser Schriften, die er selber 1946 unter dem Titel »Krieg und Frieden« veröffentlichte, Wert auf die Einschränkung legte, seine politischen Stellungnahmen seien »das Gegenteil von politisch, weil jede dieser Betrachtungen den Leser nicht vor das Welttheater und seine Probleme zu führen suche, sondern vor sein ganz persönliches Gewissen«.

Beides, das Bedürfnis nach einer fundamentalen Veränderung der politischen Strukturen, wie er sie erlebte, und seine Weigerung, sich der üblichen Methoden politischer Einflußnahme zu bedienen, schließen sich keineswegs aus. Denn waren es nicht gerade die Mechanismen der Berufspolitik, die zugelassen hatten, was von 1914 bis 1945 in

Deutschland geschah? Was wäre von Wilhelm II. bis Hitler und Stalin wünschenswerter gewesen als etwas mehr unprofessioneller, also außerparlamentarischer und systemkritischer Widerstand seitens des »ganz persönlichen Gewissens«, der zwar vereinzelt wenig auszurichten vermag, doch ins Gewicht fällt, sobald er bei vielen bestärkt und ermutigt wird? War es nicht eben diese individuelle Kontrollinstanz, die als Sand im Getriebe der ideologischen Gleichschaltung den Machthabern stets so zuwider war, daß sie vor keiner Methode zurückschreckten, jede Gegensteuerung aus der Bevölkerung auszuschalten? Noch 1960, dreißig Jahre vor der gewaltlosen Selbstbefreiung der DDR, schrieb Hesse an den Vorsitzenden des »Kuratoriums Unteilbares Deutschland« (W. W. Schütz) nach Bonn: »Heute liegt die politische Vernunft nicht mehr dort, wo die politische Macht liegt. Es muß ein Zustrom von Intelligenz und Intuition aus nichtoffiziellen Kreisen stattfinden, wenn Katastrophen verhütet oder gemindert werden sollen.«

Diese Erkenntnis war das Ergebnis langjähriger Erfahrungen, die mit Hesses journalistischem Engagement im Ersten Weltkrieg eingesetzt hatten, als er sich, ab 1915, auf eine Weise exponierte, daß er einerseits als »Vaterlandsverräter« und »Nestbeschmutzer« bekämpft, andererseits nach Ausgang des Krieges plötzlich aufgefordert wurde, Regierungsämter zu übernehmen, zunächst für das erste Württembergische Parlament in Stuttgart und ein Jahr später seitens der bayerischen Räteregierung. Beide Angebote hat er zurückgewiesen. Doch nicht etwa, weil er wie Alexander Solschenizyn der Meinung gewesen wäre, daß »die Auseinandersetzung mit der Politik das geistige Wachstum behindert«, sondern weil ihm die direkte politische Einflußnahme nicht lag.

Wie viele Künstler vermochte sich Hesse keiner der vorhandenen Parteien anzuschließen, vielleicht weil es die Partei noch nicht gab, mit der er sich hätte identifizieren können (ähnlich wie sein Kollege Ernst Penzoldt, der auf die Frage »Welcher Partei ich angehöre?« antwortete: »Die hat nur *ein* Mitglied!«), vor allem aber weil auch bei jenen politischen Gruppierungen, die das kleinere Übel für ihn gewesen wären, die programmatische Enge sowie der Konformitätsdruck der Fraktionsdisziplin den Bewegungsspielraum zu sehr einschränkten, während andererseits die parteienspezifische Bereitschaft zu wahltaktischen Wendemanövern ihm kaum möglich gewesen wäre. (»Meine Aufgabe ist es... mich frei vom Starrsinn der Programme zu halten und meine Ehrfurcht dem Lebendigen zu bewahren, das keine Programme kennt.« 1931)

Sein Dienst und Beruf als Dichter, antwortete Hesse im November 1918 auf das Telegramm aus Württemberg, das ihn »als geistigen Mitarbeiter in unsere neue Bewegung« einlud, sei der der Menschlichkeit. »Aber Menschlichkeit und Partei schließen sich im Grunde immer aus. Beide sind nötig, aber beiden zugleich dienen, ist kaum möglich. Politik fordert Partei, Menschlichkeit verbietet Partei.« Um den komplexen Abläufen der gesellschaftlichen Entwicklungen, der zwischenmenschlichen und zwischenstaatlichen Beziehungen gerecht werden zu können, müsse der Künstler unabhängig sein und dürfe nicht in Gebieten dilettieren, wo er nicht sein Bestes zu geben vermöge. Ganz abgesehen davon, daß ein Dichter ganz andere Aufgaben habe als der politische Funktionär. Der Künstler sei, schreibt Hesse 1931 in seinem *Brief an einen Kommunisten*, »weder etwas Besseres noch etwas Geringeres als der Minister oder der Ingenieur, aber etwas vollkommen anderes als sie.« Er sei

»eine Art Nerv im Körper der Menschheit, ein Organ zum Wecken, zum Warnen, zum Aufmerksammachen. Aber er ist nicht ein Organ, um damit Plakate zu verfassen und anzunageln, er eignet sich nicht zum Ausrufer auf dem Markt, denn seine Stärke liegt ja nicht in der lauten Stimme, das kann Hitler viel besser.« Eine Uhr oder ein Barometer aber seien zu anderen Zwecken da, und wenn man sie zum Einschlagen von Nägeln verwende oder als Waffe mißbrauche, »gehen sie kaputt, ohne daß irgendjemand davon Nutzen hat«.

Nie hat es Hesse deshalb versucht, als Redner auf Kundgebungen oder durch spektakuläre Medienauftritte direkten Einfluß auf das Zeitgeschehen zu nehmen und sein Renommee als Schriftsteller für politische Anliegen nutzbar zu machen. Undenkbar wäre es für ihn gewesen, sich (wie u. a. der junge Günter Grass) in Symbiose mit einer politischen Partei zu begeben, damit diese von seinen Ideen und Formulierungen, er als Autor dagegen von der Propagierung seines Namens im Wahlkampf hätte profitieren können. Hesses öffentliche Einflußnahme war anderer, weniger geräuschvoller Art. Er selber als Person ist hinter den politischen Anliegen, für die er sich einsetzte, eher zurückgetreten. Bereits ab 1917 bediente er sich bei seinen Initiativen gegen den Krieg eines Decknamens, desselben Pseudonyms übrigens, unter dem 1919 nicht von ungefähr (doch mit zweijähriger Verspätung) seine Erzählung »Demian« erschienen ist, deren »elektrisierende Wirkung« Thomas Mann an die von Goethes »Werther« erinnerte.

Bei seinem nächsten politischen Mahnruf verzichtete er sogar ganz auf einen Verfassernamen und bezeichnete die 39 Seiten umfassende, in hellroten Karton gebundene Flugschrift »Zarathustras Wiederkehr« im Untertitel als »Ein

Wort an die deutsche Jugend von einem Deutschen.« Es ist sein erster (in solch anonymer Form nicht mehr wiederholter) Versuch, Einfluß auf die Nachkriegsgeneration zu üben.

Unversehens war Ende 1918 der soeben überstandene Weltkrieg in einen blutigen Bürgerkrieg übergegangen. Als »Zarathustras Wiederkehr« im Februar 1919 erschien, waren in Berlin gerade Rosa Luxemburg und Karl Liebknecht, die Gründer des sozialistischen Spartakusbundes, und in München Kurt Eisner, der erste Ministerpräsident Bayerns, der den sozialdemokratischen »Freistaat« ausgerufen hatte, ermordet worden. Es ist gut möglich, daß Dr. Wilhelm Muehlon, dem am 21. 2. von Ernst Toller Eisners Nachfolge in der Münchner Räteregierung angeboten wurde, Hesse auf eben diese Flugschrift »Zarathustras Wiederkehr« hin einlud, ein Regierungsamt zu übernehmen. Der stellvertretende Direktor bei Krupp, der kurz nach dem Ausbruch des Ersten Weltkriegs seine Position in diesem Unternehmen aufgab, das inzwischen zu Deutschlands größter Waffenschmiede geworden war, hatte 1918 unter dem Titel »Die Verheerung Europas« eine vielbeachtete Denkschrift gegen den Krieg veröffentlicht und bereits ein Jahr zuvor den Kontakt mit Hesse aufgenommen. Da Muehlon im März 1919 nicht nur bei diesem, sondern auch bei anderen gleichgesinnten Künstlern, die er zur Mitarbeit an der Räteregierung einlud, auf Zurückhaltung stieß, hat auch er selbst (nach der Ermordung Gustav Landauers am 2. 5. 1919) darauf verzichtet, Eisners Nachfolge anzutreten. Hesse antwortete ihm am 11. 3. 1919 auf die Einladung zur Mitarbeit u. a.: »Es kann für mich von einer solchen Wirksamkeit leider gar nicht die Rede sein, auf welchem Gebiet es auch sei. Ich habe während des Krieges zum ersten Mal die Welt außer mir genauer betrachtet und mit Erstaunen gefunden, daß in der Welt die allermeisten Menschen nicht das tun, wozu sie Anlage und Natur treibt, sondern stets etwas anderes, oft das Gegenteil. Der Staat besonders verwendet seine Leute auf die wunderlichste Art... Das ist mit der sogenannten Revolution nicht anders geworden. Der Staat, wenigstens der unsere, ist gewohnt, daß die Talentlosen sich in seinen Dienst drängen... Das einzige, worin ich mich von denen, die ich Dilettanten und Streber nenne, unterscheide, ist das, daß ich weiß, zu welcherlei Arbeit und Dienst mein Gehirn und meine Vorgeschichte mich bestimmen, und daß ich diese Arbeit so konzentriert wie möglich zu tun suche... Wenn ich nun weglaufe und allen diesen Rufen folge, so verliere ich mich unter die Dilettanten, werde ein Mensch, der tut, was er nicht kann, und lasse das liegen, wozu die innere Stimme mich ruft. Schließlich könnte das, was ich meine Natur und die innere Stimme nenne, Ihnen einerlei sein. Aber dann müßte ich wenigstens Lust und Begabung für das haben, was Sie von mir erwarten... Sei die mir zugedachte (oder von mir zu wählende) Tätigkeit wie immer beschaffen, sie müßte in der Hauptsache im Wirken auf Menschen bestehen, im Vorschlagen und Durchsetzen von Gedanken, die rasch zur Tat werden sollen, in Besprechungen, Auseinandersetzungen etc. etc. All das aber kann ich nicht. Ich kann niemand überzeugen, ich kann gegen niemand mich mündlich behaupten, ich höre auf, ein Charakter und etwas wert zu sein, wenn ich an der Oberfläche sitze und der beständigen direkten Einwirkung von Menschen und Strömungen ausgesetzt bin. Ich könnte Sie beneiden um Ihre Fähigkeiten zur Tat und Organisation. Aber Beneiden führt zu nichts. Ich muß wissen, wo meine Kraft und Aufgabe liegt, und der Gedanke, mit meiner Art und meinem Tun vielleicht nur sehr langsam und indirekt zu wirken und dem Augenblick nicht gerecht zu werden, darf mich nicht abhalten. Mit dem Konflikt zwischen dem Gefühl für die persönliche ›Aufgabe‹ und dem sozialen Gewissen habe ich mich ja in meiner kleinen Zarathustra-Schrift ernstlich auseinandergesetzt.«

Mit dieser »Bekenntnisschrift eines Unpolitischen«, wie Hesse sie vielleicht im Anklang an Thomas Manns »Betrachtungen eines Unpolitischen« (1918) nannte, beginnt unser Band. Sie ist — verglichen mit seinen späteren Denkschriften zum Zeitgeschehen — sowohl in der fiktionalen Verkleidung als auch in seinem psalmodierend-salbungsvollen Tonfall der Nietzsche nachempfundenen Zarathustra-Sprache ein heute fast anachronistisch wirkender politischer Text. Der Autor spricht nicht selbst, sondern läßt das Idol einer durch den Krieg desillusionierten Jugend für sich reden.

Nietzsches feierlicher Seher Zarathustra wird darin wieder zum Leben erweckt und mischt sich unter die orientierungslosen Kriegsheimkehrer. Sie entdecken ihn bei einer der vielen politischen Kundgebungen in der Hauptstadt, wie er einem Volksredner zuhört, der von der Höhe eines Wagens herab leidenschaftlich seine Parolen verkündigt. Zarathustra dagegen erkennen sie an der Gelassenheit und Distanz zum persönlichen Ehrgeiz der Agitatoren, egal ob sie nun revanchistisch, patriotisch oder sozialistisch argumentieren. Daß Zarathustra nicht polemisiert und mit seinen Einwänden keine eigene Karriere im Sinn hat, macht ihn vertrauenswürdig. Als in der aufgewühlten Volksmenge die ersten Schüsse fallen, folgen ihm einige der Flüchtenden auf seinem Weg aus dem Getümmel, um ihm ihre Fragen zu stellen. In neun Reden über die verschiedensten Themen, die einer der Zuhörer aufzeichnet, werden daraufhin Zarathustras Antworten wiedergegeben.

Sie alle warnen vor einem erneuten Rückfall in die Untertanenmentalität, die den Krieg ermöglicht hatte, vor der Hörigkeit gegenüber Führern, die es auch den Überlebenden wieder abnehmen wollen, den Führer in sich selbst zu finden. (»Wir müssen nicht hinten beginnen, bei den Regierungsformen und politischen Methoden, sondern wir müssen vorn anfangen, beim Bau der Persönlichkeit, wenn wir wieder Geister und Männer haben wollen, die uns Zukunft verbürgen.«) Sie warnen vor der »Unfähigkeit zu trauern«, (wie Alexander Mitscherlich die sich nach dem Zweiten Weltkrieg wiederholende Neigung nannte), den Schmerz über die erlittene Niederlage durch eine Flucht in Betriebsamkeit und Aktionismus zu betäuben, statt sich ihm zu stellen und ihn durch eine selbstkritische Bewältigung der Vergangenheit für die Zukunft fruchtbar zu machen. Sie ermutigen zur Individuation (»Stets habt ihr Gott gesucht, aber niemals in euch selbst. Er ist nirgendwo sonst. Es gibt keinen anderen Gott, als den, der in euch ist«) und zum Widerstand gegen Konvention und Verdrängung (»Verzweiflung ist besser als diese dumpfe Angst des Bürgers, der erst zum Heldentum greift, wenn er seinen Geldbeutel bedroht sieht.«).

Doch fällt der altertümelnde Faltenwurf der Ausdrucksweise des einsiedlerischen »Alten vom Berge« der Aktualität dieser Aussagen oft in den Rücken, sodaß die unzeitgemäße Form uns heutigen Lesern das Inhaltliche mitunter zu verstellen droht. Formulierungen wie »Verstehet ihr mich, o Freunde? Besinnet Euch ihr Guten, besinnet euch wohl« sind in ihrer pastoralen Herablassung inzwischen kaum mehr erträglich. Jedoch für die mit Nietzsche aufgewachsene Generation der Jahrhundertwende scheint das kein Problem gewesen zu sein. Wie hätte diese Schrift sonst so eine Verbreitung erreichen können, die anonyme Ausgabe nicht weniger als die (ab 1920 unter Hesses Verfassernamen erschienene) Broschur bei S. Fischer, die bis 1924 bereits das 24. Tausend erreichte?

»Daß sie an Nietzsche anklinge und den Geist seines Zarathustra beschwöre«, rechtfertigt sich Hesse im Oktober 1919, »das merkte ich selbst erst während des fast bewußtlosen Schreibens, das sich völlig explosiv vollzog... Mehr und mehr erschien er [Nietzsche] mir, seit dem jammervollen Versagen der deutschen Geistigkeit im Kriege, als der letzte einsame Vertreter eines deutschen Geistes, einer deutschen Mannhaftigkeit, die gerade unter den Geistigen unseres Volkes ausgestorben zu sein schien. Hatte nicht seine Vereinsamung zwischen Kollegen voll verantwortungslosen Strebertums ihm den Ernst seiner Aufgabe gezeigt? War er nicht im Grimm über den schmerzlichen Kulturniedergang Deutschlands während der wilhelminischen Epoche schließlich zum Antideutschen geworden? Und war nicht er es, der einsame Nietzsche, der vergrollte Verächter des deutschen Kaiserrausches, der letzte glühende Priester eines scheinbar aussterbenden deutschen Geistes — war nicht er es, der Unzeitgemäße und Vereinsamte, dessen Stimme stärker als jede andere zur deutschen Jugend sprach... An diesen Geist, als dessen letzten Prediger ich Nietzsche empfinde, wollte und mußte ich appellieren. Wenn es noch ein geistiges Deutschland gab — in diesem Zeichen konnte es sich sammeln. Und aus begeisterten, heiligen Lesenächten meiner Jünglingszeit klang mir ein Ton herüber, in dem ich meinen Ruf an die Jugend niederschrieb.«

Bemerkenswert in diesem Appell ist Hesses Aufgeschlossenheit gegenüber der Tatkraft der Linken, der Spartakisten um Rosa Luxemburg, Karl Liebknecht und Gustav Landauer, die bereit waren, ihre Überzeugungen mit dem Ein-

satz ihres Lebens zu vertreten. Schon 1917 im »Demian« hatte er – als Reaktion auf die Pressekampagne gegen »Kain Liebknecht« (der damals wegen seiner Antikriegs-Kundgebungen in einem Hochverratsprozeß zu zweieinhalb Jahren Zuchthaus verurteilt worden war) – Partei ergriffen für den Außenseiter Kain und gegen das konservative Lager der Anhänger des angepaßten Abel. »Die Spartakisten, von denen Zarathustra redet«, antwortete Hesse im März 1919 auf einen Brief von Wilhelm Schussen, »sind freilich nicht die herrenlosen Lausbuben, die auf der Straße krakehlen, sondern die geistigen Führer und Gründer dieser Richtung, die Leute in Rußland und um Karl Liebknecht«. Obwohl er auch ihnen gegenüber »das Schießen für kein Überzeugungsmittel« hielt, nimmt er sie doch mit dem Hinweis in Schutz: »Wir dürfen nicht vergessen, daß wir die Leichtigkeit im Umgang mit Maschinengewehren, Giftgasen und Handgranaten nicht den Spartakisten verdanken, sondern daß das eine Erbschaft Wilhelms und der Generäle ist.« Das jedoch,was die Spartakisten Kommunismus nennen, hält Hesses Zarathustra für ein »altes, etwas komisch gewordenes Rezept aus verstaubten Goldmacherküchen.«
Zwölf Jahre später, angesichts der Gefahren des heraufziehenden Nationalsozialismus, wird er diesen Standpunkt in seinem offenen *Brief an einen Kommunisten* (1931) teilweise revidieren, wenngleich er in der Frage der Gewalt unerbittlich bleibt. (»Die Seite, auf der die Kanonen arbeiten, ist niemals die richtige.«)
Die nachfolgend in unseren Band aufgenommenen Denkschriften sind nicht fiktionaler Natur. In ihnen reagiert der Autor direkt und unvermittelt auf die Angriffe, Provokationen und Fragen, denen er bis nach dem Zweiten Weltkrieg ausgesetzt war. Die meisten von ihnen hat Hesse in Zeitun-

gen und Zeitschriften veröffentlicht, außer den Stellungnahmen zum Kommunismus (also dem Gedicht »Absage« und den zwei Fassungen seines *Briefes an einen Kommunisten*, von welcher er offenbar nur die erste Version auf entsprechende Anfragen hin versandte). Das Typoskript der zweiten Fassung dieses Rundbriefes ist erst vor vier Jahren aufgetaucht. Es wird hier erstmals abgedruckt.

Zur Zeit des Nationalsozialismus hat Hesse keine solchen Aufrufe mehr veröffentlicht. Es wäre jedoch leichtfertig, aus dieser Zurückhaltung auf einen Mangel an Zivilcourage zu schließen oder gar auf eine Billigung der Vorgänge in Deutschland. Was waren seine Gründe?

Hermann Hesse und der Nationalsozialismus

Bereits im Juli 1922, ein Jahr, nachdem Hitler den Vorsitz der neu gegründeten NSDAP an sich gerissen hatte, meldete sich Hesse unter dem Titel *Verrat an Deutschland* zu Wort: Es sei nun fällig, schrieb er damals: »einmal ein Wort über eine der häßlichsten und törichtsten Formen jungdeutschen Nationalismus zu sagen, über die blödsinnige, pathologische Judenfresserei der Hakenkreuzbarden und ihrer zahlreichen, namentlich studentischen Anhänger.« Mit deren Revanchegelüsten hatte er sich (in der 1919 von ihm und dem Zoologieprofessor Richard Woltereck ins Leben gerufenen kulturpolitischen Zeitschrift »Vivos voco«) unter dem Titel *Haßbriefe* schon ein Jahr zuvor auseinandergesetzt, mit ihrem »bequemen, unselbständigen, streng autoritativen und vor jedem kollektiven Ideal sich verneigenden Bürgerglauben ... Es ist der Geist, der Angst vor sich selber hat und ... seine innere Feigheit hinter lärmendem Säbelrasseln verbirgt. Daß dieser Geist sich für den deutschen ausgeben darf, daß er jahrzehntelang vom Regime seit 1870 unterstützt, sich in die Welt hinausposaunt hat, dies hat uns andere… zu Internationalisten und Pazifisten gemacht.« Gleich das erste Heft der neuen Zeitschrift (vom Oktober 1919) stand im Zeichen der deutsch-französischen Versöhnung, die durch den Versailler Vertrag fast unzumutbar belastet war. Gegen die neuen Feindbilder, die »Dolchstoßlegende« (also das von Hindenburg und allen durch den verlorenen Krieg ihres Einflusses entledigten Militärs verbreiteten Gerücht, der »im Felde unbesiegten Front« sei die Sozialdemokratie in den Rücken gefallen) und gegen Hitlers Schuldzuweisungen an die Juden wandte sich Hesse mit dem Einspruch: »Daß man eine Menschenklasse schlechthin für das Übel der Welt und für die tausend schlimmen Sünden und Bequemlichkeiten des eigenen deutschen Volkes als Sündenbock aufstellt, ist eine Entartung so schlimmer Art, daß ihre Schande allen Schaden, der je durch Juden geschehen sein mag, zehnfach aufwiegt.«

So unmißverständliche Worte 12 und 11 Jahre vor Hitlers Machtergreifung wird man schwerlich finden bei einem anderen Dichterkollegen seiner Generation. Wie Hesse ja auch aus Unbehagen am imperialen Imponiergehabe und der preußischen Militanz Wilhelms II. bereits zwei Jahre vor Ausbruch des Ersten Weltkriegs Deutschland verlassen hatte, als »erster freiwilliger Emigrant«, wie ihn sein Kollege Joachim Maass 1946 sehr zu Recht bezeichnet hat. Wir wissen inzwischen, wie wenig solche öffentlichen Mahnrufe zu bewirken vermochten. Kein Wunder also, daß Hesse angesichts der Folgen und der politischen Unbelehrbarkeit seiner Landsleute (denn Schweizer ist er erst 1924 geworden) nach und nach resignierte, so daß seine neue kulturkritische Zeitschrift bereits 1926 ihr Erscheinen einstellen mußte. In dem gleichfalls 1926 vollendeten »Steppenwolf« hat er sich dann erneut auf etwas andere, vielleicht sogar effektivere, weil poetisch verkleidete Weise mit den Ursachen dieser Entwicklungen befaßt, um dann 1931, zwei Jahre vor Beginn des Tausendjährigen Reiches, mit dem Entwurf seines »Glasperlenspiels« zu beginnen, um — wie er sagt — »einen geistigen Raum aufzubauen, in dem man leben und atmen konnte, aller Vergiftung der Welt zum Trotz und um den Widerstand des Geistes gegen die barbarischen Mächte zum Ausdruck zu bringen.«

Noch bevor er mit der Niederschrift des Buches begann, notierte er den Ausgang: »Das Glasperlenspiel« sollte abschließen mit einer Unterredung zwischen dem Führer der Diktatur und Josef Knecht, seinem Gegenspieler, der Hauptgestalt des Buches. Auf der Rückseite eines Briefes vom 22. 6. 1932 skizzierte er den Verlauf dieses Gespräches unter der Überschrift »Schluß«: Thema des Dialogs ist das Verhältnis zwischen Geist und Politik. Der Diktator beabsichtigt, auch die Kultur seinem neuen Staat dienstbar zu machen. Neben den Schulen und Universitäten versucht er, die bis dahin unabhängigen Institutionen, also auch Kastalien, die Schule des Glasperlenspiels, gleichzuschalten. Andernfalls müsse seine Partei dagegen ebenso rigoros vorgehen wie gegen jede andere Opposition, also Kastalien verbieten, es zerstören und seine Repräsentanten töten. »Der Versucher«, schreibt Hesse in seinem Entwurf, »spricht recht klug und beinahe geistig. Knecht gibt höflich und bescheiden Auskunft, macht keinerlei Versuch, sich zu retten. Er weigert sich, auf den Vorschlag einzugehen, d. h. sein Institut dem Staat zu unterstellen und die ihm vom Staat geschickten Leute auszubilden, damit so der Geist mit der Politik und Aktion verbunden werde.« Knecht antwortet dem Führer: wer sich gewissenhaft und nach allen Regeln jahrelang dem Erlernen des Glasperlenspiels gewidmet habe, der sei für jedes Ausüben von Macht, für jedes materielle Streben für immer verdorben. Damit aber hat er sich sein eigenes Urteil gesprochen. Vor seiner Hinrichtung bittet er den Diktator noch um die Erlaubnis und Frist zu einem letzten Spiel, das ihm gewährt wird. Als Thema dieses Spiels wählt er den »Kampf der unreinen, streberischen Mächte gegen den reinen Geist, mit scheinbaren Fortschritten der Macht und Politik, die sich aber langsam als lauter Auflösungen erweisen«.

Zwei Jahre nach der Niederschrift dieser Motive war Hitler an der Regierung, die Meinungsfreiheit unterdrückt, die Literatur durch die Reichsschrifttumskammer gleichgeschaltet und die jüdischen Autoren bereits bedroht und verdrängt. Es war also schon zu spät, als nun viele von Hesses Kollegen unter der akuten Lebensgefahr mit Protest und redlichem Abscheu zu reagieren begannen. Er dagegen, gerade weil er lange vorher die Konsequenz aus seinem Mißtrauen gegenüber dem offiziellen Deutschland gezogen hatte, blieb den Folgen dieser politischen Entwicklung nicht so lebensbedrohlich ausgeliefert wie seine Kollegen im Reich. Weniger exponiert aufgrund seiner längst vollzogenen Übersiedlung in die Schweiz, brauchte er sich nun nicht in kurzatmigem Reagieren zu erschöpfen, sondern war gefestigt genug, um in ständiger Auseinandersetzung mit dem Aktuellen ein Gegenmodell entwickeln zu können, das auf eine längere Zeitspanne berechnet war. Dieses Modell war das »Glasperlenspiel«.

Es ist in den Vorarbeiten zum »Glasperlenspiel« auch von zwei einflußreichen geschichtsphilosophischen Werken die

Rede. Im ersten, das den Titel »Die Kriegsschuldlüge« trägt, läßt Hesse den Verfasser noch 35 Jahre nach dem Ersten Weltkrieg den Nachweis für die vollkommene Unschuld des deutschen Volkes, seines Kaisers und seiner militärischen Berater erbringen. »Dieses Buch«, berichtet der Chronist, »erfreute sich in Deutschland, obwohl niemand es las, zwei Jahrzehnte lang eines großen Ruhmes, da es von ehrgeizigen und käuflichen Politikern, die sich im Redenhalten und Putschen ablösten«, als propagandistische Fundgrube benutzt werden konnte. Weit gefährlicher aber schätzt er das Machwerk eines Hochschulprofessors ein, der die politischen Parolen eines gewissen Litzke zur Weltanschauung ausgebaut habe.

Gemeint mit Litzke ist natürlich Hitler und mit dem Hochschulprofessor sein Chefideologe Alfred Rosenberg und sein Buch »Der Mythos des 20. Jahrhunderts«, das Hitlers Weltbild philosophisch fundieren sollte. Nebenbei gesagt, hatte Rosenberg seinen »Mythos« 1933 an Hesse zum Rezensieren geschickt und es ihm nie vergessen, daß dieser nicht darauf reagierte. Im Manuskriptentwurf zum »Glasperlenspiel« gibt Hesse Rosenbergs Buch den Titel »Das grüne Blut«. Es sei, vermerkt er ironisch, »die mystische, einem heiligen Stigma gleichzusetzende Auszeichnung weniger, nämlich der aus mindestens 30 Generationen reinen Germanenstammes entsprossenen echten Führernaturen.« Zwar sei – fährt der Chronist fort mit einem Seitenblick auf Rosenbergs eigentliche Leidenschaft – zwar sei sein Spezialgebiet nicht die Philosophie, sondern die Wissenschaft des Tennisspiels gewesen, für welche es damals noch Professuren gegeben habe. »Weil er dem ›Grünen Blut‹ seinen professoralen Segen verlieh, wurde er rasch zu hohen Ehrenstellen befördert... Und – verwöhnt durch Titel, Fakkelzüge und Wohlleben – verlernte er das Tennisspiel, das er eigentlich lehren sollte, so sehr, daß eine andere Professur für ihn geschaffen werden mußte.«

Das ist nicht nur eine mokante Kritik am Rassismus und aller Blut- und Boden-Schwärmerei, sondern auch eine würzige Persiflage auf das lohnabhängig-beamtete, also meist obrigkeitshörige deutsche Hochschulsystem.

Nicht nur Hans Habe, sondern – ihm nacheifernd – noch viele andere haben es nach dem Krieg und bis auf den heutigen Tag für nötig gehalten, Hesse den Vorwurf zu machen, »statt wie Thomas Mann, Stefan Zweig und Franz Werfel Anklagen gegen das Nazi-Regime in den Äther hinauszuschreien, sich in vornehmer Zurückgezogenheit im Tessin gesonnt zu haben«. Dabei wird übersehen, daß die genannten Autoren zur Zeit ihrer Aufrufe nicht mehr in Europa, sondern weniger exponiert in Amerika lebten und daß es für Hitler nur eine Frage der Zeit war, wann er neben Österreich auch die Schweiz »heim ins Reich« geholt hätte. Außerdem lebten in Deutschland noch Hesses Schwestern, so daß er ständig damit rechnen mußte, sie den Machthabern als Geiseln auszuliefern, wenn er sich zu unüberlegt exponiert hätte. Gleichwohl veröffentlichte Hesse in Deutschland noch bis 1936 seine zeitkritischen Rezensionen und Bücherberichte und versuchte, gerade in der Höhle des Löwen noch so lange wie möglich vernehmbar zu bleiben, bis die Nationalsozialisten selber ihn mundtot machen würden. »Ich fühle mich verpflichtet«, schreibt er 1935, »dieses versaute und brutalisierte Deutschland nicht zu verlassen, sondern in meiner Sphäre die Tradition der Anständigkeit und Gerechtigkeit zu wahren. Unter anderem bin ich heute der einzige deutsche Kritiker, der Bücher von Emigranten und Juden anzeigt.« Doch ab 1937 war es vorbei mit seiner Präsenz in der deutschen Presse, mit seinen während früherer Jahrzehnte allwöchentlich erscheinenden Feuilletons, Aufsätzen, Gedichten und Erzählungen. Auch *über* ihn und seine Bücher wurde seit diesem Zeitpunkt kaum mehr etwas publiziert, so daß 1937, anläßlich von Hesses 60. Geburtstag, Dr. Owlglass, langjähriger Redakteur der satirischen Zeitschrift »Simplicissimus«, den Vierzeiler zum besten geben konnte:

»Die ganze deutsche Presse
notiert für Hesse Baisse.
Ja, gäb es noch den Mosse,*
dann hätte Hesse Hausse!«

Eine Taktik von Sabotage und Duldung, einerseits der Unmöglichkeit freier Meinungsäußerung in den Medien, andererseits der widerwilligen Konzession, noch einige seiner politisch unverfänglichen Bücher publizieren zu dürfen, setzte sich fort bis 1943 (von diesem Zeitpunkt an wurde überhaupt nichts mehr nachgedruckt). 1942 z. B. berichtet Hesse seiner Mäzenatin Alice Leuthold: »Dieser Tage bekam ich ein merkwürdiges Dokument, ein durch Schmuggel herübergekommenes Exemplar von gedruckten Vorschriften, welche in Deutschland ›streng vertraulich‹ von der Behörde den Zeitungsredaktionen zugestellt werden. Darin hieß es, meinen 65. Geburtstag könne man zwar erwähnen, aber man müsse dabei betonen, daß die Arbeit dieses Dichters von einer Moderichtung bestimmt gewesen ist... Das

* Rudolf Mosse (1843–1920), einflußreicher Zeitungs- und Zeitschriftenverleger, u. a. Begründer des »Berliner Tageblatts«, das 1939 aus politischen Gründen verboten wurde.

ist angenehm, so weiß man im voraus, was in sämtlichen deutschen Blättern stehen wird und braucht keins mehr zu lesen.«

Aber es gab auch ganz andere Attacken: Bereits 1934 war Hesse in Ludendorffs Halbmonatszeitschrift »Am heiligen Quell deutscher Kraft« kurzum zum Halbjuden deklariert worden, woran feinsinnige Überlegungen geknüpft wurden, wie diese: »Welcher Rasseteil schwingt bei Hermann Hesse im Unterbewußten mit? Ist es der jüdische... Aus dem Semikürschner* wissen wir aber, daß Hesse Halbjude ist... Ein nordisches oder diesem verwandtes Rasseerbgut ist nicht zu erkennen, denn Hesse liebt nicht die nordische Klarheit, sondern... die indischen Meditationen und die Weisheit des Lao Tse... Wenn die Dichtung eines Volkes nur derartiges aufzuweisen hätte, so könnten wir uns leicht erklären, daß die Mischrassigkeit zur Todesursache der Völker werden kann.«

Schon 1933 hatten es nur noch fünf deutsche Blätter gewagt, Hesses kulturkritische Kommentare zu drucken. Als ein Jahr später u. a. auch das »Berliner Tageblatt« und die Kulturbeilage der »Münchner Zeitung«, deren regelmäßiger Mitarbeiter Hesse drei Jahrzehnte lang gewesen war, auf die politische Großwetterlage reagierten, blieb ihm als einziges Sprachrohr nach Deutschland nur noch die Monatszeitschrift seines eigenen Verlages »Die Neue Rundschau«. Hesses zuvor nach Hunderttausenden zählendes reichsdeutsches Zeitungs- und Medienpublikum war jetzt

---

* »Lexikon der Juden –, ihrer Genossen und Gegner aller Zeiten und Zonen, insbesondere Deutschlands, der Lehren, Gebräuche, Kunstgriffe und Statistiken der Juden sowie ihrer Gaunersprache, Trugnamen, Geheimbünde u.s.w.«, U. Bodung Verlag, 1929.

auf die knapp fünftausend Abonnenten einer exklusiven Literaturzeitschrift geschrumpft.

Angesichts dieser Situation hatte er seit 1933 seine kulturkritischen Aktivitäten in der schweizerischen Presse, namentlich für die liberale Basler »National-Zeitung«, erheblich verstärkt und 1935 das Angebot der führenden schwedischen Literaturzeitschrift »Bonniers Litterära Magasin« angenommen, um von Stockholm aus regelmäßig über die zeitgenössische deutschsprachige Literatur zu berichten. Denn es war durchaus ungewiß, wie lange ihm sein letztes innerdeutsches Podium »Die Neue Rundschau« noch offenstehen würde. Diese Bücherberichte aus Schweden seien, schrieb er im Mai 1935 an Thomas Mann, »der Ast, auf den ich meine Tätigkeit retten werde, wenn die Rundschau uns früher oder später weggenommen wird. Allerdings sind sie vielleicht auch das Pulver, das mich einmal in die Luft sprengen wird, da ich dort je und je auch antideutsche Bücher oder Bücher verbotener und exilierter Autoren anzeige und lobe... Ich habe dabei den Grundsatz, mich weder zu exponieren noch zu schonen, d. h. den Standpunkt einer neutralen Gerechtigkeit, so fiktiv er sein mag, einzuhalten, und weder vor dem Teutonischen Kotao zu machen, noch dem Vergnügen eines gelegentlichen Wutausbruches nachzugeben.«

An dieser Haltung entzündeten sich dann auch weitere Angriffe. Sie kamen nahezu gleichzeitig sowohl aus der nationalsozialistischen als auch aus der Emigranten-Presse.

In Deutschland meldete sich im November 1935 die Zeitschrift »Die Neue Literatur« zu Wort: »Hermann Hesse... beschimpft die ganze neue deutsche Dichtung und verdächtigt die deutschen Dichter der Kulturmache... Er verrät die deutsche Dichtung der Gegenwart an die Feinde Deutschlands und an das Judentum. Hier sieht man, wohin einer sinkt, wenn er sich gewöhnt hat an den Tischen der Juden zu sitzen und ihr Brot zu essen. Der deutsche Dichter Hermann Hesse übernimmt die volksverräterische Rolle der jüdischen Kritik von gestern.« Und im April 1936 meldet sich der Herausgeber Will Vesper selbst zu Wort, um Hesse als »Verräter an unserem Volkstum« zu bezeichnen und die »Verbiegung seiner Seele« dem jüdischen Einfluß zuzuschreiben.

Zu dieser Polemik erübrigt sich jeder Kommentar. Oder ist es mittlerweile schon wieder nötig festzuhalten, daß Hesse weder väterlicher- noch mütterlicherseits »jüdisch versippt« war, oder daran zu erinnern, daß seine Buchbesprechungen *alles* berücksichtigen, was ihm zukunftsweisend und bedeutend erschien, egal ob die Verfasser nun »Arier«, Juden oder Ausländer waren? Er hat schon damals das pauschale Ausspielen der innerdeutschen gegen die Exilliteratur durchaus nicht mitgemacht, derzufolge nur das von Bedeutung sein darf, was in der Emigration publiziert wurde, während Autoren, die im Verlauf der NS-Jahre in Deutschland widerstanden haben, samt und sonders zu Mitläufern und Drückebergern gestempelt werden, deren Bücher man im Vergleich zu den Leistungen der Exilliteratur vergessen kann – also Autoren wie Ricarda Huch, Erich Kästner, Hermann Kasack, Ernst Penzoldt, Manfred Hausmann, Hans Carossa, Elisabeth Langgässer, Friedrich Georg Jünger, Günter Eich, Luise Rinser, Reinhold Schneider, Ernst Wiechert, Albrecht Goes, Hans Erich Nossack, Rudolf Alexander Schröder, Oskar Loerke und manche andere. Daß Hesse dabei die Blut- und Bodenliteratur keiner Zeile würdigte, es sei denn, daß er sie pauschal als indiskutable Konjunktur-Belletristik behandelte, und keines der Bücher von Hans Grimm, Kolbenheyer, Stehr, Beumelburg, Blunck, Johst und wie sie alle heißen, besprochen hat, versteht sich von selbst. Nur bei Emil Strauß und Jakob Schaffner, diesen interessanten Zwittern zwischen Talent und ehrsüchtiger Anpassung, machte er bis 1936 noch Ausnahmen.

Hesses einziges Kriterium war die Qualität eines Buches. Doch lag seine Sympathie eindeutig auf der Seite der Verfolgten, wie auch einem Brief an Eduard Korrodi vom Februar 1936 zu entnehmen ist, worin er dem mit antisemitischen Tendenzen sympathisierenden Kulturpapst der »Neuen Zürcher Zeitung« antwortete: »Ich halte es nicht für die Aufgabe des Geistes, dem Blut und der Rasse den Vorrang einzuräumen, und wenn manche Juden widerlich sind, so sind es manche Arier, wie Streicher und Vesper, und hundert andere wahrlich nicht weniger. Geht es den Juden gut, so kann ich recht wohl einen Witz über sie ertragen. Geht es ihnen schlecht – und den deutschen Juden geht es höllisch schlecht – dann ist für mich die Frage, für wen ich empfinden solle, für die Opfer oder die Verfolger, sofort entschieden.«

Von 1933 bis 1936 hat Hesse denn auch mehr als 60 Bücher jüdischer, antifaschistischer und anderer zur Emigration gezwungener Autoren öffentlich empfohlen. Um so absurder, daß er sich dafür auch noch gegen Angriffe aus der jüdischen Exilpresse verteidigen mußte. Georg Bernhard, ein alter Bekannter aus Hesses Redaktionsarbeit bei der antikaiserlichen Zeitschrift »März« (1907–1912), ein jüdischer Kollege, der während des Ersten Weltkriegs preußischer auftrat als der Kaiser selbst, versuchte ihn im Januar 1936 als heimlichen »Schrittmacher des Dr. Goebbels« anzuschwärzen, weil Hesse angeblich immer noch in der

»Frankfurter Zeitung, dem Feigenblatt des Dritten Reiches«, publiziere. Doch ist seit 1928 kein Originalbeitrag Hesses in der »Frankfurter Zeitung« mehr nachweisbar.

Weniger aus der Luft gegriffen waren die Vorwürfe Leopold Schwarzschilds, der gleichfalls von Paris aus in seiner Exilzeitschrift »Das Neue Tage-Buch« jene Autoren attakkierte, die weiterhin im Berliner S. Fischer Verlag publizierten, statt auch mit ihren Büchern ins Exil zu gehen. Was Schwarzschild nicht wissen konnte und was auch bis vor kurzem noch kaum dokumentierbar war, sind die verlagsgeschichtlichen Ursachen dafür.

Bereits Ende 1933 war es zu nächtlichen Hausdurchsuchungen der Gestapo in der Privatwohnung von Hesses Verleger Samuel Fischer gekommen. Als einer seiner nächsten Mitarbeiter, Peter Suhrkamp, davon erfuhr, begann er die Nächte in S. Fischers Wohnung zu verbringen. Suhrkamp, der ja nach damaligem Sprachgebrauch ein »Arier« und überdies als Leutnant im Ersten Weltkrieg hoch dekoriert worden war, ist es – wie Augenzeugen berichten – dabei tatsächlich geglückt, wiederholte Plünderungsversuche seitens der SS zu verhindern. Doch reichte dieser Terror aus, um dem bereits hinfälligen, damals 75jährigen Verleger den Rest zu geben. Samuel Fischer hat diese Heimsuchungen nur wenige Monate überlebt und ist am 15. Oktober 1934 gestorben.

Als Nachfolger hatte er ein Jahr zuvor seinen Schwiegersohn Gottfried Bermann-Fischer, vordem Chirurg, und wohlweislich auch Peter Suhrkamp eingesetzt, der seit 1932 als Schriftleiter Fischers maßgebliche Kulturzeitschrift »Die Neue Rundschau« herausgab.

Von beiden, Gottfried Bermann-Fischer und Peter Suhrkamp, unterzeichnet ist denn auch Hesses 1933 um fünf

Jahre verlängerter Verlagsvertrag – eine Zeitspanne, von der damals noch keiner wußte, wie dramatisch sie verlaufen sollte, außer vielleicht der Autor selbst, der diesen Vertrag erst unterzeichnete, als von beiden Verlagsleitern akzeptiert worden war, was er ahnungsvoll handschriftlich hinzugefügt hatte: »Wird der Verlag durch höhere Gewalt (Staatsgewalt, Krieg, Inflation) an der Erfüllung seiner Verpflichtung gegen den Autor gehindert, so ist der Vertrag auch für den Autor nicht mehr bindend.«

Höhere, oder besser gesagt, niedere Gewalt war bald nach der Vertragsunterzeichnung durch die Machtübernahme Hitlers in der Tat zu befürchten, zumal der S. Fischer Verlag als jüdische Firma seinen Weltruf seinen vielen, dem Regime ja nicht gerade erwünschten Autoren verdankte. Zwar hielten sich die Nazis in den ersten Jahren noch zurück, als Propagandaministerium und Reichsschrifttumskammer noch nicht bis zur teuflischen Perfektion durchorganisiert waren. Das aber sollte sich bald ändern. Im Frühjahr 1935 erreichte die Familie Fischer eine Aufforderung der Reichsschrifttumskammer, aus dem Besitz und der Leitung des Unternehmens auszuscheiden. Die Übernahme und Gleichschaltung der Firma durch Nationalsozialisten war beschlossene Sache. Regimefreundliche Konkurrenzverleger oder Aufkäufer der Partei sollten die Aktien des jüdischen Verlages übernehmen. Einzig dem Geschick und gewiß auch dem »arischen Stammbaum« sowie den vielfältigen Beziehungen Peter Suhrkamps war es zu verdanken, daß alles ganz anders kam.

In langwierigen Verhandlungen mit dem stellvertretenden Leiter der Reichsschrifttumskammer Dr. Heinz Wismann (der übrigens, weil er »jüdisch versippt« war, 1937 entlassen wurde) ist es Suhrkamp schließlich gelungen, den Verlag vor der Nazifizierung zu bewahren. Er erreichte — ein Wunder für damalige Verhältnisse — überdies eine Transfergenehmigung für die Autorenrechte der in Deutschland unerwünschten Verlagsschriftsteller in die Schweiz samt deren komplette Buchbestände (insgesamt 780 Tsd. Bände) und eine finanzielle Entschädigung der Familie Fischer, die Gottfried Bermann-Fischer den Aufbau seines Exilverlages ermöglichte.

Einen Pferdefuß jedoch hatte diese merkwürdig kulante Vereinbarung: einer Freigabe der Verlagsrechte am Werk Hermann Hesses stimmte die Reichsschrifttumskammer nicht zu, so sehr sich auch Gottfried Bermann-Fischer bei den Berliner Behörden darum weiterhin bemühte. Für den gleichwohl beachtlichen Erfolg Suhrkamps bei den Unterredungen mit der Schrifttumskammer mochte seine frühere Tätigkeit als pädagogischer Leiter der Freien Schulgemeinde Wickersdorf eine Rolle gespielt haben. Denn ein Neffe seines Verhandlungspartners (Dr. Wismann) war dort ein anhänglicher Schüler Suhrkamps gewesen.

Nun aber galt es für den um die Bücher von Thomas Mann, Hofmannsthal, Schnitzler, Döblin, Zuckmayer, Annette Kolb u. a. amputierten Berliner Verlag einen »arischen« Käufer zu suchen. Da sich keiner fand, der den Mut hatte, die bisherige Verlagstradition fortzusetzen, erklärte sich Peter Suhrkamp auf Drängen der Verlagsmitarbeiter, seines wichtigsten Lektors Oskar Loerke, aber auch Gottfried Bermann-Fischers nach einigem Zögern bereit, als persönlich haftender Gesellschafter einer Kommanditgesellschaft die Firma zu erwerben. In Philipp F. Reemtsma, Christoph Rathjen und Clemens Abs fand er finanzstarke und politisch integre Mitaktionäre für den neuen, seit Anfang 1936 von ihm allein geleiteten Verlag.

Zunächst war es keineswegs sicher, ob Hesse sich dieser Lösung fügen und mit seinem Werk im Berliner Rumpfverlag bleiben würde. Seine bisherigen Erfahrungen mit Suhrkamp, der dazu neigte, den Autoren Vorschläge zu machen, was sie schreiben sollten, waren nicht ungetrübt. Zumal, weil dieser in seiner Funktion als Schriftleiter der »Neuen Rundschau« auch Titel von Hesses Manuskripten zu ändern versucht hatte, damit sie besser in die jeweilige Konzeption der Zeitschrift paßten. Schon im Januar 1933 hatte sich Hesse darüber bei Bermann-Fischer beklagt: »Suhrkamp schrieb über einen kleinen Aufsatz von mir, daß er ihn gern bringen wolle, denn er passe in sein Programm – was für mich bedeutet, daß also künftig für meine Arbeiten die bischöfliche Imprimatur der Redaktion davon abhängen wird, ob sie in Suhrkamps Programm passen. Ferner schlug er mir eine andere Überschrift zu meinem Aufsatz vor, er wollte sie knalliger, vielversprechender, programmatischer haben. Ich schrieb ihm zurück, daß ich mir meine Titel ebenso gut überlege wie den Text, und daß er künftig jeden Text von mir ruhig nach seinem Geschmack ändern könne, nur müsse er dann eine Fußnote hinzusetzen, die besagt, daß für den Titel nicht der Autor verantwortlich sei... Mir meine Titel von ihm versauen zu lassen und dann selber für sie die Verantwortung zu tragen, lehne ich ab.« So ist es nicht verwunderlich, daß sich Hesse nach dem Rausschmiß der jüdischen Verlagsinhaber 1935 ziemlich engagiert an Bermann-Fischers Bemühungen beteiligte, in der Schweiz eine Niederlassungsbewilligung für dessen neuen Exilverlag zu erwirken, gedachte er doch selbst in diesen Verlag überzuwechseln.

Doch die Verhandlungen scheiterten einerseits am Antisemitismus der Schweizer Behörden, andererseits am Konkurrenzneid der dortigen Verleger, so daß Bermann-Fischer erst im September 1936 seinen ersten Exilverlag eröffnen konnte, nicht, wie geplant, in Zürich, sondern in Österreich, in Wien.

Da Hesse zu den besser verkäuflichen Stammautoren des alten S. Fischer Verlages gehörte, ist es nicht verwunderlich, daß Bermann-Fischer nichts unterließ, um ihn doch noch für sein Exil-Unternehmen bei den Berliner Behörden freizubekommen. Doch schon im Dezember 1935, bei einem Treffen in Zürich, mußte er Hesse mitteilen, die deutschen Behörden hätten ihm zu verstehen gegeben, man werde ihm gestatten, bei seiner Auswanderung einige Autoren mitzunehmen, keinesfalls aber Hermann Hesse, der müsse unbedingt bleiben.

Weil sich Hesse damit nicht abfinden wollte, wurde weiter verhandelt – ergebnislos, so daß ihm Bermann-Fischer am 23. 1. 1936 nochmals schriftlich bestätigte: »Inzwischen hat sich in Berlin herausgestellt, daß man Dich nicht freigeben will. Mit Gewalt kann ich Dich nicht herausnehmen... Besser wie der Berliner Verlag mit seinen Dir treu ergebenen Angestellten und Suhrkamp an der Spitze wird kein anderer Verlag in Deutschland Deine Interessen vertreten.« Hesse zauderte und spielte bis zum August 1936 nach wie vor mit dem Gedanken an eine Trennung, die ihm ja sein handschriftlicher Zusatz zum Verlagsvertrag vom Dezember 1933 ermöglicht hätte. Dies zu verhindern war für das Berliner Stammhaus jedoch überlebenswichtig, so daß Suhrkamp auf Hesses Vorschlag, er wolle selber die Rechte an seinen Büchern zurückkaufen, am 6. 5. 1936 antwortete: »Wenn Sie daran denken sollten, Ihr Werk aus dem Verlag zurückzuziehen, würde das den Verlag in die äußerste Gefahr bringen«, materiell wie juristisch. War es doch Suhrkamp nur unter der Bedingung gelungen, die verfehmten Autoren für den Emigrationsvertrag freizubekommen, daß Hesses Werke in der Berliner Firma blieben. In seiner Antwort vom 11. Mai 1936 versicherte ihm Hesse seine Loyalität, wollte aber doch für alle Fälle die Frage beantwortet haben, »mit welcher Summe etwa die Bücher und Rechte zu erwerben wären, um nur im äußersten Notfall dann an Pläne denken zu können. Selbstverständlich unternehme ich nichts, ohne mich vorher mit Ihnen darüber zu verständigen.« Diese Antwort ist Suhrkamp seinem Autor schuldig geblieben.

Drei Monate später, im August 1936, kam es zur ersten persönlichen Begegnung der beiden Männer, und zwar im Verlauf der letzten Deutschlandreise, die Hesse in seinem Leben unternommen hat. Man traf sich unweit von Hannover in Bad Eilsen, wo Hesse für eine Woche bei seinem Augenarzt in Behandlung war, um sich neue Brillen anpassen zu lassen.

Die Unterredung mit »dem Mann, der den sehr verarmten und klein gewordenen Fischer Verlag weiterführen wird«, wie Hesse kurz darauf seinem Sohn Bruno mitteilte, dauerte sechs Stunden. Dabei habe er sehr vieles erfahren, »was man mir nicht hatte schreiben können, und das war nichts Gutes.« So hatten sich seine Vermutungen, »betreffend der Tendenzen zur Unterdrückung meines Werkes und Namens, alle bestätigt. Es ist schon dreimal ein Verbot meiner Bücher ausgesprochen worden. Das Verbot wurde nur durch Einsatz und Vermittlung von Suhrkamp verhindert.« Darüberhinaus sei vom Württembergischen Kultusministerium der Befehl erteilt worden, sein Werk dürfe im Zusammenhang der schwäbischen Dichtung nicht mehr genannt werden. Außerdem sollten nach und nach seine zeitkritischen Bücher wie »Unterm Rad«, »Kurgast«, »Steppen-wolf«, »Betrachtungen«, ja sogar »Narziß und Gold-mund«, (wegen eines Pogroms, der darin angeprangert wird), auslaufen und nicht mehr nachgedruckt werden. Aber auch alle anderen Publikationen des Berliner Stamm-hauses durften ab 1936 in keinem deutschen Buchhändler-verzeichnis mehr aufgeführt werden, und die wenigen noch lieferbaren Titel Hesses würden hinter dem Ladentisch ver-borgen und von den Buchhändlern etwa so angeboten, wie man pornographische Literatur an Gymnasiasten verkaufe. Diese trübseligen Informationen waren es, die Suhrkamp seinem Autor bei ihrer ersten Begegnung zu überbringen hatte.

Positiv indessen war der persönliche Eindruck, den die bei-den voneinander bekamen. Noch 1951, anläßlich Suhr-kamps 60. Geburtstag erinnert sich Hesse: »Immerhin warst Du auch damals schon ein Partisane des Widerstands gegen die damals herrschenden Methoden und Ideologien des Terrors und es muß irgendein Vorgeschmack, eine Ah-nung der auf Dich wartenden Prüfungen und Leiden spür-bar geworden sein, denn in meiner Empfindung für Dich war schon bei der ersten schönen Begegnung in Eilsen etwas wie Bangigkeit und Mitleid.«

Dieses erste persönliche Kennenlernen von Autor und Ver-leger hat dazu beigetragen, ihre Beziehung soweit zu festi-gen, daß sich Hesse nun eine Zusammenarbeit, also einen weiteren Vertrieb seiner Bücher in Deutschland, zuminde-sten bis zum Auslaufen des Vertrages 1939 vorstellen konnte. Doch wurde jetzt alles, der politischen Verhältnisse wegen, noch schwieriger. Seine Honorare schrumpften auf ein Minimum, wurden auf Sperrkonten eingefroren, so daß sie nur noch von Fall zu Fall und jedesmal erst nach komplizierten Sonderverhandlungen mit den nationalsozialistischen Devisenämtern in die Schweiz transferiert werden konnten. »Das Geld, das für mich in Deutschland auf Sperrkonto geschrieben wird«, beklagte sich Hesse im Mai 1938 bei Suhrkamp, »ist verloren... Der Verlust dabei beträgt mindestens 80%.«

Noch immer rechnete er mit einem Publikationsverbot durch die Machthaber, hütete sich jedoch, es selber herauszufordern, um den Behörden keinen Vorwand zu liefern, der ihnen diese unpopuläre Maßnahme und die damit verbundene Blamage erspart hätte. Schon 1936 hatte er an Thomas Mann geschrieben: »Sollten Sie verboten werden, so wäre es mir ein sehr unlieber Gedanke, dort allein meinen kleinen Markt zu haben... Es ist noch immer möglich, daß wir eines Tages beide zusammen verboten werden, und das würde mich freuen, obwohl ich es nicht provozieren darf.« Und im April 1938 an Carl Seelig: »Ich rechne mit dem jeden Tag möglichen Hinausgeworfenwerden, aber bis das eintritt, habe ich der notleidenden Minorität in Deutschland die Treue zu halten, ebenso wie meinem alten Verlag, der in den letzten Jahren, als einer der wenigen nicht gleichgeschalteten, durch systematische Unterdrückung schon fast kaputt gemacht worden ist.«

Finanzielle Gründe waren es also nicht – wie es immer wieder unterstellt wird – warum Hesse sein Werk dem Berliner Verlag nicht entzog. Denn bald wurden seine ohnehin minimalen Einkünfte auch noch durch eine Doppelbesteuerung so beschnitten, daß er kaum mehr über das Existenzminimum verfügte und wieder, wie nach dem Ersten Weltkrieg, auf die Unterstützung von Freunden angewiesen war. Hätte er sein Werk einem Emigrationsverlag anvertraut, dann wären seine Einnahmen gewiß nicht geringer gewesen als die der vergleichbar beliebten und gelesenen Kollegen Thomas Mann und Stefan Zweig, also mit Sicherheit mehr als das Zehnfache von dem, was er damals noch aus Deutschland erhielt.

Der Verlagsvertrag mit Suhrkamp lief ab, gerade als der Zweite Weltkrieg ausgebrochen war. Ein triftigerer Anlaß, ihn nun nicht mehr zu erneuern, ist kaum vorstellbar. Dennoch hat Hesse ihn verlängert und so dafür gesorgt, wie es Ende September 1939 in einem Brief an seinen schweizer Schriftstellerkollegen R. J. Humm heißt, »daß die Weltgeschichte und mein Privatleben weiterhin hübsch miteinander verbunden bleiben. Ich tat es lediglich der Person meines Verlegers zuliebe; er ist ein, wie ich glaube, vollkommen treuer Mensch, und auf so einen zu bauen, schien mir trotz allem besser als alles andere.«

Diese Reaktion, ungeachtet aller persönlichen Nachteile, Suhrkamp und seinen alternativen Verlag über Wasser zu halten — eine Firma, die Goebbels 1944 als »Verlag des 20. Juli«, des Attentats auf Hitler, bezeichnet hat — zeigt etwas von Hesses Ethik, die für ihn, wenn es hart auf hart ging, stets Vorrang vor persönlichem Nutzen hatte.

Er hatte den Nationalsozialismus nicht erfunden, so wenig wie seine Leser, denen seine Bücher eine Oase der Menschlichkeit inmitten des Terrors waren. In Suhrkamp hatte er einen Verleger, der bereit war, sich für die Verbreitung dieser Inhalte unter Lebensgefahr einzusetzen. Einen solchen Mann und sein waghalsiges Experiment, eigener Vorteile wegen, im Stich zu lassen war Hesse nicht möglich. Doch der Preis war hoch, für ihn wie für den Verleger. 1942 ist Suhrkamp die Druckgenehmigung für »Das Glasperlenspiel« verweigert worden. Ein Jahr später wurde ihm ein sogenannter Lockspitzel der Gestapo in den Verlag geschickt, der als Hesses Freund auftrat und Suhrkamp anbot, die Verlagspost, an der Zensur vorbei, direkt an Hesse zu vermitteln. Außerdem schlug er vor, den Verlag als Verbindungsstelle zu dem gleichfalls in die Schweiz emigrierten ehemaligen Reichskanzler Joseph Wirth zu benutzen, der den Sturz Hitlers vorbereitete. Wäre Suhrkamp auf diesen Vorschlag des Dr. Paul Reckzeh — so hieß der Lockspitzel — eingegangen, dann hätte das selbstverständlich seinen Tod bedeutet. Wenn er ihn aber abwies, ohne ihn sofort bei der Gestapo anzuzeigen, machte er sich gleichfalls eines damals schweren Verbrechens schuldig. In die erste Falle tappte Suhrkamp nicht, sondern schickte den Mann unverrichteter Dinge als — wie er sagte — »Phantasten« wieder fort. Da es ihm aber gegen die Natur ging, jemanden zu denunzieren, ist er schließlich doch auf dieses Manöver hereingefallen und hatte der Gestapo einen Vorwand geliefert, ihn auszuschalten. So wurde er bald darauf vom Sicherheitsdienst verhaftet, in das KZ von Ravensbrück verbracht und am 13. April 1944 vor dem Volksgerichtshof wegen Hoch- und Landesverrats angeklagt.

Wie durch ein Wunder — das darin bestand, daß die Reichsstelle zum Schutz des deutschen Schrifttums, die Himmlersche SS und die Bormannsche Parteikanzlei, aber auch Alfred Rosenberg, der Herausgeber des »Völkischen Beobachters«, in einem Kompetenzstreit miteinander konkurrierten und sich über den Fall nicht einigen konnten — entging Suhrkamp der Liquidation und wurde bis auf weiteres in das Konzentrationslager Sachsenhausen überstellt. Dort hat man ihn nach zehn Monaten Haft, halbtot geprügelt und mit doppelter Lungen- und Rippenfellentzündung, seines baldigen Endes gewiß, im Februar 1945 entlassen. Das war der Preis für sein verwegenes Schwimmen gegen den Strom, um diejenigen Menschen in Deutschland zu erreichen, die sich nicht mit dem Bankrott eines Menschenbildes abfinden konnten, wie es von Suhrkamps Autoren noch aufrecht erhalten wurde, darunter Oskar Loerke, Hermann Kasack, Ernst Penzoldt, Reinhold Schneider, Manfred Hausmann, Albrecht Goes, Wolf von Niebelschütz, Luise Rinser, und nicht zuletzt Hermann Hesse. Und es war auch die Quittung dafür, daß es Suhrkamps taktischem Geschick immer wieder gelungen war, die Versuche der Behörden zu unterwandern, Hesses Bücher vollends aus dem Verkehr zu ziehen. So konnte sein Verlag von 1933 bis 1944 im nationalsozialistischen Deutschland noch 161 Tsd. Bücher Hesses ausliefern. (Rechnet man die in diesem Zeitraum in zwei anderen Verlagen noch lieferbaren Titel Hesses hinzu − also das 77 Seiten umfassende Heft »In der alten Sonne« (in Reclams Universalbibliothek) und die ebenso schmale Gedichtauswahl »Vom Baum des Lebens« (in der Insel-Bücherei) − dann kommt man in den zwölf Jahren des »Tausendjährigen Reiches« auf eine Gesamtsumme von 481 Tsd. Hesse-Büchern (kaum die Hälfte dessen, was heute in einem halben Jahr hierzulande ausgeliefert wird).

Wäre es nun besser gewesen, wenn diese Bücher damals nicht mehr in Deutschland erschienen wären, wenn Hesse, wie er es ursprünglich anstrebte, im Ausland, in einem Exilverlag, veröffentlicht und damit Suhrkamps waghalsiges verlegerisches Experiment im Dritten Reich zunichte gemacht hätte? Dann hätten wir vielleicht einige politische Publikationen mehr aus Hesses Feder, öffentliche Formulierungen dessen, was man in seinen Briefen und Rundschreiben lesen konnte. Aber hätten sie mehr auszurichten vermocht, als alle die anderen Aktionen der Exilliteratur?

Stattdessen hat Hermann Hesse seine schwierige Position zwischen den Lagern dazu genutzt, den Betroffenen zu helfen. Er hat sich ihnen mit einer Effizienz gewidmet, wie außer ihm nur noch Thomas Mann und Stefan Zweig. Doch früher als diese hatte er publizistisch vor dem Nationalsozialismus gewarnt. Den Emigranten konnte er durch Visavermittlung, den finanziellen Erlös aus seiner Auquarellmalerei, mit der Beschaffung von Arbeits- und Niederlassungsbewilligungen helfen, während er andererseits jede Gelegenheit nutzte, um dem Widerstand in Deutschland den Rücken zu stärken. Ernst Wiechert, Luise Rinser, Horst Krüger und viele andere haben darüber berichtet. Nicht mehr darüber berichten konnten jene Leser, die ihre Hesse-Lektüre auf eine Weise beherzigt haben, die ihnen das Leben kostete, wie dem Studenten Christoph Probst (Mitglied der Widerstandsgruppe »Die weiße Rose«). Mit ihnen müßte auch Hesses Verleger Peter Suhrkamp genannt werden, hätte er nicht das Glück gehabt, 1944 um Haaresbreite dem Todesurteil des Volksgerichtshofes zu entrinnen. Einer der Anklagepunkte der Staatsanwaltschaft gegen Suhrkamp waren von der Zensur abgefangene Briefe von Hermann Hesse, einem Autor, der bis auf den heutigen Tag für viele ein Stein des Anstoßes und gleichzeitig ein Prüfstein geblieben ist, besonders für jene, die auch in der Kunst dazu neigen, Ethik und Ästhetik voneinander zu trennen.

Auf die Gefahren des Nationalsozialismus hingewiesen hatte Hesse zu einem Zeitpunkt, als es dafür noch nicht zu spät war, wie er es auch gleich nach dem Zweiten Weltkrieg tat, als die Reaktivierung ehemaliger Nationalsozialisten im Staatsdienst, der Kalte Krieg und die Wiederbewaffnung Deutschlands noch bevorstanden. Von diesen Denkschriften hat sein 1946 veröffentlichter *Brief nach Deutschland* inzwischen wieder eine traurige Aktualität gewonnen: »So wie heute alle meine deutschen Freunde in der Verurteilung Hitlers einig sind, so waren sie es damals bei der Gründung der Deutschen Republik in der Verurteilung von Militarismus, Krieg und Gewalt. Man fraternisierte allgemein, etwas spät, aber herzlich, mit uns Kriegsgegnern. Gandhi und Rolland wurden beinahe wie Heilige verehrt. ›Nie wieder Krieg!‹ hieß das Schlagwort. Aber einige Jahre später konnte Hitler schon seinen Münchner Putsch wagen. So nehme ich denn die heutige Einmütigkeit im Verdammen Hitlers nicht allzu ernst und sehe in ihr nicht die mindeste Gewähr für eine politische Sinnesänderung.«

Verhindern konnten all diese publizistischen und privaten Mahnrufe (die in der Edition »Politik des Gewissens« noch ausführlicher dokumentiert sind) den verhängnisvollen Niedergang der ersten deutschen Republik und die politischen Folgen ebensowenig wie es die Initiativen der wenigen gleichgesinnten Künstlerkollegen konnten. Wie sollten sie auch, bei dem geringen Interesse der Medien an der Verbreitung von Inhalten, welche der jeweiligen politischen Konjunktur, und somit den Geschäftsabsichten ihrer Besitzer widersprachen? Spektakuläre Sensationen, der Nervenkitzel von Korruption, Mord, Sex und Crime, ja selbst der Ausgang eines Fußballspieles finden seit jeher eine millionenfach stärkere Verbreitung als jede konstruktive Initiative, geschweige denn die Denkschriften unbestechlicher Künstler zum Zeitgeschehen.

Daß sich die Menschen dafür angeblich nicht interessieren, wird von Redakteuren und Programmgestaltern über die Köpfe des Publikums hinweg einfach stillschweigend vorausgesetzt. Wer diesen Automatismus durchschaut und entsprechend zu bedienen versteht, der hat — wie fragwürdig seine Ziele auch sind — größere Chancen, sich in der Öffentlichkeit Gehör zu verschaffen, als jeder noch so qualifizierte Zeitgenosse. Das war damals schon so und gilt erst recht heute, wo durch den Siegeszug der visuellen Medien für die Mitteilungswürdigkeit einer Nachricht fast nur noch der Show-Effekt zählt. Noch die beiläufigste Randgruppe kann, wenn sie nur mit schockierenden Knalleffekten aufzuwarten versteht, durch die Presse auf eine Weise vergrößert werden, die sie von sich aus niemals erreicht hätte. »Das Geheimnis unseres politischen Erfolges«, heißt es bezeichnenderweise in einem Strategie-Papier der Rechtsradikalen aus den achtziger Jahren, »ist der Einsatz der Massenmedien... Eine interessante Story zu liefern, das verlangt das Publikum... Die Presse heult auf, der Justiz- und Polizeiapparat setzt sich in Bewegung und große Schlagzeilen reißen eine kleine Bewegung aus ihrer politischen Bedeutungslosigkeit. In dieser Situation ist es die Kunst des politischen Leiters, die Sensationsgier der Presse wachzuhalten, sich etwas Neues einfallen zu lassen.« Das gilt für die Aktionen der RAF nicht weniger als für das Vorgehen der Neonazis.

Was ihnen dabei einfällt, ist immer das gleiche. Es ist das Vabanque-Spiel mit der Gewalt, gegen die Hesse von 1914 bis 1962 offenbar vergeblich angeschrieben hat, mit seinem in den verschiedensten Formulierungen wiederholten Appell: »Die Gewalt ist das Böse und die Gewaltlosigkeit der einzige Weg derer, die wach geworden sind. Dieser Weg wird niemals der aller sein... Die Bösen werden regieren und raffen, die Gleichgültigen werden, sei es jubelnd oder knirschend, mitlaufen... Immer muß man auf Leiden und Vergewaltigung gefaßt sein, aber niemals darf man zum

Töten bereit sein.«... »Besser ist es, Unrecht leiden, als Unrecht tun. Falsch ist es, mit dem Mittel der Gewalt das Erwünschte erreichen zu wollen. Eine neuere und hellere Epoche der Weltgeschichte wird gewiß nicht von den Siegern der nächsten Kriege geschaffen werden, vermutlich aber von den Leidenden und auf Gewalt Verzichtenden.« (1950)

Volker Michels

Quellennachweis

Zarathustras Wiederkehr
Geschrieben Ende Januar 1919 »unter dem Druck der Weltereignisse in zwei Tagen und Nächten«. Erstdruck anonym im Verlag Stämpfli, Bern 1919. Ab 1920 unter Hesses Verfassernamen im S. Fischer Verlag, Berlin.

Brief an einen jungen Deutschen
Erstdruck in »Neue Zürcher Zeitung« vom 21. 9. 1919.

Haßbriefe
Erstdruck in »Vivos voco«, Leipzig, vom Juli 1921.

Verrat am Deutschtum
Erstdruck in »Vivos voco«, Leipzig, vom Juli/August 1922.

Entwurf zum Brief an einen Kommunisten
Geschrieben 1931, Erstdruck in Hermann Hesse, »Politik des Gewissens«, Frankfurt am Main 1977.

Brief an einem Kommunisten I
Geschrieben 1931, Erstdruck in Hermann Hesse, »Politik des Gewissens«, Frankfurt am Main 1977.

Brief an einen Kommunisten II
Geschrieben 1931, hier erstmals in Buchform.

Absage
Erstdruck in Hermann Hesse, »Die Gedichte« (Nachlese), Frankfurt am Main 1977.

Ein Brief nach Deutschland
Erstdruck in »National-Zeitung«, Basel, vom 24. 6. 1946.

Antwort auf Briefe aus Deutschland
Erstdruck in »National-Zeitung«, Basel, vom 22. 10. 1950.

Ein Wort über den Antisemitismus
Erstdruck in »Blickpunkt«. Die junge Zeitschrift, vom Juli/August 1958.

Hermann Hesse
125. Geburtstag 2002

Das Jubiläumsprogramm
im Suhrkamp und im Insel Verlag

Blick nach dem Fernen Osten. Erzählungen, Legenden, Gedichte und Betrachtungen. Herausgegeben von Volker Michels. 486 Seiten. Gebunden

Die schönsten Erzählungen. Zusammengestellt von Volker Michels. 464 Seiten. Gebunden

Das Glasperlenspiel. Versuch einer Lebensbeschreibung des Magister Ludi Josef Knecht. 576 Seiten. Gebunden

Hermann Hesse als Maler. Vierundvierzig Aquarelle. Ausgewählt von Bruno Hesse und Sandor Kuthy. Mit Texten von Hermann Hesse und einem Essay von Volker Michels. 136 Seiten. Gebunden

Hermann Hesses Indienreise. Eine Moritat. Bebildert und in Verse gebracht von Otto Blümel. Mit einem Nachwort von Volker Michels. Großdruck. it 2430. 90 Seiten

Schmetterlinge. Betrachtungen, Erzählungen, Gedichte. Zusammengestellt von Volker Michels. Mit farbigen Illustrationen. Großdruck. it 2424. 160 Seiten

Stufen des Lebens. Briefe. Ausgewählt und mit einem Nachwort versehen von Siegfried Unseld. IB 1231. 96 Seiten

Tessiner Bilderbuch. Mit 28 mehrfarbig aquarellierten Federzeichnungen. Mit einem Nachwort von Rätus Luck. 88 Seiten. Leinen

Hermann Hesse
im Suhrkamp und im Insel Verlag
Eine Auswahl

Hermann Hesse Lesebücher
Zusammengestellt von Volker Michels

Blick nach dem Fernen Osten. Erzählungen, Legenden, Gedichte und Betrachtungen. Herausgegeben von Volker Michels. 486 Seiten. Gebunden

Eigensinn macht Spaß. Individuation und Anpassung.
204 Seiten. Gebunden

Die Einheit hinter den Gegensätzen. Religionen und Mythen. 207 Seiten. Gebunden

Das Leben bestehen. Krisis und Wandlung.
208 Seiten. Gebunden

Jedem Anfang wohnt ein Zauber inne. Lebensstufen.
207 Seiten. Gebunden

Mit dem Erstaunen fängt es an. Herkunft und Heimat. Natur und Kunst. 206 Seiten. Gebunden

Wer lieben kann, ist glücklich. Über die Liebe.
223 Seiten. Gebunden

Das Lied des Lebens. Die schönsten Gedichte.
240 Seiten. Gebunden

NF 213/1/1.02

Biographien

Hugo Ball. Hermann Hesse. Sein Leben und sein Werk.
st 385. 194 Seiten

Ralph Freedman. Hermann Hesse. Autor der Krisis. Eine
Biographie. Übersetzt von Ursula Michels-Wenz.
st 3088. 540 Seiten

Hermann Hesse. Sein Leben in Bildern und Texten. Herausgegeben von Volker Michels. Vorwort von Hans Mayer. Ge-
staltet von Willy Fleckhaus. Autoren-Bildband.
st 3218 und it 1111. 365 Seiten

Hermann Hesse. Schauplätze seines Lebens. Mit zahlreichen
Fotografien. Herausgegeben von Herbert Schnierle-Lutz.
it 1964. 365 Seiten

Marie Hesse. Ein Lebensbild in Briefen und Tagebüchern.
Mit einem Essay von Siegfried Greiner. Lithographien von
Gunter Böhmer. it 261. 261 Seiten

Gisela Kleine. Zwischen Welt und Zaubergarten. Ninon und
Hermann Hesse. Ein Leben im Dialog. Mit Fotografien.
st 1384. 643 Seiten

Volker Michels. Hermann Hesse. Leben und Werk im Bild.
Mit dem »kurzgefaßten Lebenslauf« von Hermann Hesse.
it 36. 235 Seiten

Joseph Mileck. Hermann Hesse – Dichter, Sucher, Bekenner.
st 1357. 440 Seiten

Theodore Ziolkowski. Der Schriftsteller Hermann Hesse. Wertung und Neubewertung. Übersetzt von Ursula Michels-Wenz. 271 Seiten. Gebunden

Über Hermann Hesse

Über Hermann Hesse. Erster Band (1904-1962). Herausgegeben von Volker Michels. st 331. 473 Seiten

Über Hermann Hesse. Zweiter Band (1963-1977). Herausgegeben von Volker Michels. st 332. 523 Seiten

Hermann Hesse in Augenzeugenberichten. Herausgegeben von Volker Michels. st 1865. 553 Seiten

Hermann Hesses Indienreise. Eine Moritat. Bebildert und in Verse gebracht von Otto Blümel. Mit einem Nachwort von Volker Michels. Großdruck. it 2430. 90 Seiten

Eugen Drewermann. Das Individuelle gegen das Normierte verteidigen. Zwei Aufsätze zu Hermann Hesse. Mit einem Nachwort von Volker Michels. st 2458. 90 Seiten

Siegfried Unseld. Begegnungen mit Hermann Hesse. st 218. 268 Seiten

Siegfried Unseld. Hermann Hesse. Werk und Wirkungsgeschichte. Mit zahlreichen Abbildungen. it 1112. 414 Seiten

Briefwechsel

Ninon Hesse. »Lieber, lieber Vogel«. Briefe an Hermann Hesse. Herausgegeben von Gisela Kleine. Mit Abbildungen. st 3373 und gebunden. 620 Seiten

Hermann Hesse/Thomas Mann. Briefwechsel. Herausgegeben von Anni Carlsson und Volker Michels. Mit Fotografien und Abbildungen. 380 Seiten. Leinen

Hermann Hesse/Peter Suhrkamp. Briefwechsel 1945-1959. Herausgegeben von Siegfried Unseld. 507 Seiten. Leinen

Stufen des Lebens. Briefe. Ausgewählt und mit einem Nachwort versehen von Siegfried Unseld. IB 1231. 96 Seiten

Gedichte

Bäume. Betrachtungen und Gedichte. Mit Fotografien. Ausgewählt von Volker Michels. it 455. 140 Seiten

Die Gedichte. 1892-1962. Neu eingerichtet und um Gedichte aus dem Nachlaß erweitert von Volker Michels. st 381. 831 Seiten

Schmetterlinge. Betrachtungen, Erzählungen, Gedichte. Zusammengestellt von Volker Michels. Mit farbigen Illustrationen. Großdruck. it 2424. 160 Seiten

Stufen. Ausgewählte Gedichte. BS 342. 239 Seiten

Wolken. Betrachtungen und Gedichte. Mit Bildern von Thomas Schmid. Herausgegeben und Nachwort von Volker Michels. it 2367. 189 Seiten

Hermann Hesse als Maler

Farbe ist Leben. Eine Auswahl seiner schönsten Aquarelle. Vorgestellt von Volker Michels. it 1810. 173 Seiten

Hermann Hesse als Maler. Vierundvierzig Aquarelle. Ausgewählt von Bruno Hesse und Sandor Kuthy. Mit Texten von Hermann Hesse und einem Essay von Volker Michels. 136 Seiten. Gebunden

Magie der Farben. Aquarelle aus dem Tessin. Mit Betrachtungen und Gedichten. Auswahl und Nachwort von Volker Michels. it 482. 117 Seiten

Tessin. Betrachtungen, Gedichte und Aquarelle des Autors. Herausgegeben und mit einem Nachwort von Volker Michels. 343 Seiten. Leinen

Tessiner Bilderbuch. Mit 28 mehrfarbig aquarellierten Federzeichnungen. Mit einem Nachwort von Rätus Luck. 88 Seiten. Leinen

Hermann Hesse und Italien

Italien. Schilderungen, Tagebücher, Gedichte, Aufsätze, Buchbesprechungen und Erzählungen. Herausgegeben und mit einem Nachwort von Volker Michels. Mit zahlreichen Abbildungen und Fotografien. st 689. 525 Seiten

Mit Hermann Hesse durch Italien. Ein Reisebegleiter durch Oberitalien. Herausgegeben von Volker Michels. it 1120. 215 Seiten

Hermann Hesse und die Literatur

Dank an Goethe. Betrachtungen, Rezensionen, Briefe. Mit einem Essay von Reso Karalaschwili. Neu zusammengestellt von Volker Michels. it 2250. 213 Seiten

Magie des Buches. Betrachtungen. BS 542. 132 Seiten

Eine Literaturgeschichte in Rezensionen und Aufsätzen. Herausgegeben von Volker Michels. st 252. 620 Seiten

Die Welt der Bücher. Betrachtungen und Aufsätze zur Literatur. Zusammengestellt von Volker Michels. st 415. 373 Seiten

Die Welt im Buch. Leseerfahrungen I. Rezensionen und Aufsätze aus den Jahren 1900-1910. Herausgegeben von Volker Michels. 640 Seiten. Leinen

Die Welt im Buch. Leseerfahrungen II. Rezensionen und Aufsätze aus den Jahren 1911-1916. In Zusammenarbeit mit Heiner Hesse herausgegeben von Volker Michels. 807 Seiten. Leinen

Hermann Hesse im HörVerlag

Hermann Hesse. Der Dichter. Märchen, Erzählungen und Gedichte. MC und CD, Laufzeit ca. 75 Minuten

Mit der Reife wird man immer jünger. Betrachtungen und Gedichte über das Alter. MC und CD, Laufzeit ca. 120 Minuten

Siddhartha. Eine indische Dichtung. Vollständige Lesung. 3 MC und 4 CD, Laufzeit ca. 230 Minuten

NF 213/6/1.02

Traumgeschenk. Betrachtungen, Erzählungen und Gedichte. MC und CD, Laufzeit ca. 60 Minuten

Über das Glück. Prosa und Gedichte. MC, Laufzeit ca. 57 Minuten

NF 213/7/1.02

suhrkamp taschenbücher
Eine Auswahl

Isabel Allende
- Das Geisterhaus. Übersetzt von Anneliese Botond.
  st 1676. 500 Seiten
- Porträt in Sepia. Übersetzt von Lieselotte Kolanoske.
  st 3487. 512 Seiten

Ingeborg Bachmann. Malina. Roman. st 641. 368 Seiten

Jurek Becker
- Jakob der Lügner. Roman. st 774. 283 Seiten
- Amanda herzlos. Roman. st 2295. 384 Seiten

Louis Begley
- Lügen in Zeiten des Krieges. Roman. Übersetzt von Christa
  Krüger. st 2546. 223 Seiten
- Schmidt. Roman. Übersetzt von Christa Krüger
  st 3000. 320 Seiten
- Schmidts Bewährung. Roman. Übersetzt von Christa
  Krüger. st 3436. 314 Seiten

Thomas Bernhard. Ein Lesebuch. Herausgegeben von
Raimund Fellinger. st 3165. 112 Seiten

Peter Bichsel
- Kindergeschichten. st 2642. 84 Seiten
- Cherubin Hammer und Cherubin Hammer.
  st 3165. 112 Seiten

Truman Capote. Die Grasharfe. Roman. Übersetzt von
Annemarie Seidel und Friedrich Podszus. st 3135. 208 Seiten

NF 266/1/1.03

Paul Celan. Gesammelte Werke in sieben Bänden. Sieben Bände in Kassette. st 3202-st 3208. 3380 Seiten

Marguerite Duras. Der Liebhaber. Übersetzt von Ilma Rakusa. st 1629. 194 Seiten

Hans Magnus Enzensberger. Der Fliegende Robert. Gedichte, Szenen, Essays. st 1962. 350 Seiten

Max Frisch
- Homo faber. Ein Bericht. st 354. 203 Seiten
- Stiller. Roman. st 105. 438 Seiten

Norbert Gstrein. Der Kommerzialrat. Bericht. st 2718. 148 Seiten

Marie Hermanson. Muschelstrand. Roman. Übersetzt von Regine Elsässer. st 3390. 304 Seiten

Peter Handke. Mein Jahr in der Niemandsbucht. Ein Märchen aus den neuen Zeiten. st 3084. 632 Seiten

Hermann Hesse.
- Das Glasperlenspiel. Versuch einer Lebensbeschreibung des Magister Ludi Josef Knecht samt Knechts hinterlassenen Schriften. st 2572. 616 Seiten
- Siddhartha. Eine indische Dichtung. st 182. 136 Seiten

Ludwig Hohl. Die Notizen oder Von der unvoreiligen Versöhnung. st 1000. 832 Seiten

Yasushi Inoue. Das Jagdgewehr. Übersetzt von Oskar Benl. st 2909. 98 Seiten

Uwe Johnson. Jahrestage. Aus dem Leben der Gesine Cresspahl. Einbändige Ausgabe. st 3220. 1728 Seiten

James Joyce. Ulysses. Roman. Übersetzt von Hans Wollschläger. st 2551. 988 Seiten

Franz Kafka. Der Prozeß. Roman. st 2837. 282 Seiten

Bodo Kirchhoff. Infanta. Roman. st 1872. 502 Seiten

Andreas Maier. Wäldchestag. Roman. st 3381. 315 Seiten

Magnus Mills. Die Herren der Zäune. Roman. Übersetzt von Katharina Böhmer. st 3383. 216 Seiten

Cees Nooteboom. Allerseelen. Roman. Übersetzt von Helga van Beuningen. st 3163. 440 Seiten

Juan Carlos Onetti. Das kurze Leben. Roman. Übersetzt von Curt Meyer-Clason. Mit einem Nachwort von Durs Grünbein. st 3017. 380 Seiten

Marcel Proust. In Swanns Welt. Auf der Suche nach der verlorenen Zeit. Übersetzt von Eva Rechel-Mertens. st 2671. 564 Seiten

Hans-Ulrich Treichel. Der Verlorene. Erzählung. st 3061. 175 Seiten

Mario Vargas Llosa. Tante Julia und der Kunstschreiber. Roman. Übersetzt von Heidrun Adler. st 1520. 392 Seiten

Martin Walser. Ein fliehendes Pferd. Novelle. st 600. 151 Seiten

Ernst Weiß. Der arme Verschwender. st 3004. 450 Seiten